UNIVERSITY OF NORTH CAROLINA
STUDIES IN THE ROMANCE LANGUAGES AND LITERATURES
Number 101

I0660973

LE CHASTOIEMENT D'UN PERE A SON FILS

LE CHASTOIEMENT
D'UN PERE A SON FILS

A CRITICAL EDITION

EDITED BY

EDWARD D. MONTGOMERY, JR.

CHAPEL HILL

THE UNIVERSITY OF NORTH CAROLINA PRESS

DEPÓSITO LEGAL: V. 1.611 - 1971

ARTES GRÁFICAS SOLER, S. A. - JÁVEA, 28 - VALENCIA (8) - 1971

I should like to express my appreciation to the Research Council of the University of North Carolina for its generous assistance in defraying the not inconsiderable costs of publication. Thanks are also due my wife for her patience, understanding and assistance in the preparation of this edition.

TABLE OF CONTENTS

INTRODUCTION

A. MANUSCRIPTS AND PREVIOUS EDITIONS

The numerous manuscripts and editions cited by V.-C. Chauvin in his bibliography testify to the immense popularity of the *Disciplina Clericalis* both in Latin and in the vernacular literatures of the Middle Ages. [1] Before discussing the present manuscript and edition as well as its predecessors, it might prove advantageous to cite the major Latin editions of the work. In 1824 the Société des Bibliophiles français published three texts edited by the Abbé de Labouderie, the Vicar-General of Avignon; these included a Latin text of the *Disciplina* and two French versions of the work, one in prose and one in verse. [2] An excellent critical edition of the Latin original was done in 1827 by Schmidt, who, in addition to copious notes, included an invaluable introduction containing extensive material of an historical nature. [3] Unfortunately, this excellent edition is difficult to obtain because of its limited printing, but other editions of the Latin text are obtainable and useful. Aside from Migne's reproduction of the Latin text of the Abbé de Labouderie in the *Patrologiae Latinae* (CLVII, 671-706), there is a very useful, but non-critical edition published by Alfons Hilka and Werner Söderhjelm in the Sammlung Mittellateinischer Texte. In 1948 Ángel González Palencia published the Latin text with a modern Spanish

---

[1] *Bibliographie des ouvrages arabes ou relatifs aux arabes, publiées dans l'Europe chrétienne de 1810 à 1885* (Liège-Leipzig, 1905), IX, 1-44.

[2] Abbé de Laubouderie, ed., *Disciplina Clericalis. La Discipline de clergie*, by Petrus Alphonsi (Paris: Firmin Didot, 1824).

[3] Friedrich Wilhelm Valfons Schmidt, ed., *Disciplina Clericalis* (Berlin: Theodor Chr. Fr. Enslin, 1827).

translation which, aside from a brief introduction, incorporates no critical material.

In the introduction to his edition of an English version of the *Disciplina,* William Hulme speaks of early adaptations and translations of the work into the various vernacular literatures which date from the twelfth century. [4] As early as 1760 the French scholar Barbazan published in Lausanne *Le Castoyement ou instruction du père à son fils,* a French verse adaptation of the *Disciplina Clericalis;* he called this version, which, according to Chauvin, is substantially different from the aforementioned version of Labouderie, an "ouvrage moral en vers, composé dans le treizième siècle." Auguste Méon re-edited Barbazan's text in 1808, his edition bearing close affinity with British Museum MS. Harley 527 from which the exempla in Appendix B of this edition have been taken. [5] Other editions of French vernacular versions have been only fragmentary; the most considerable of these was done in 1829 by Legrand d'Aussy, who included some twenty-one of the exempla in his collection. [6]

The present edition has been prepared from the text of the work as found in the British Museum MS. Additional 10,289 (ff. 133-172). This thirteenth century manuscript is written in double columns of from twenty-nine to thirty-two lines each, and is entirely in French. Aside from the present text, the manuscript contains a rhymed chronicle by Guillaume de Saint-Paer, the *Roman du Mont Saint-Michel*; a poem on the Harrowing of Hell and another entitled "Le romanz des Franceis," both by André de Coutances; a *fabliau* written by Colin Malet entitled *Juglet*; several poems and some medical recipes in prose. [7] The text of the *Chastoiement d'un pere a son fils* (title lacking in the manuscript) is written in a very clear Carolingian miniscule. The language of the text, discussed later in this introduction, is basically Francian with a number of distinctly Anglo-Norman characteristics.

---

[4] William H. Hulme, ed., *Disciplina Clericalis,* Western Reserve University Bulletin, XXII (Cleveland, 1919), 7.

[5] *Fabliaux et contes des poètes françois des XI, XII, XIII, XIV et XVe siècles, tirés des meilleurs auteurs,* ed. Auguste Méon (Paris: B. Warée, 1808), II, 39-183.

[6] *Fabliaux ou contes, fables et romans du XIIe et XIIIe siècles,* ed. Legrand d'Aussy (Paris: Jules Renouard, 1829).

[7] H. L. D. Ward, *Catalogue of Romances in the Department of Manuscripts in the British Museum* (London, 1883), I, 812-813.

B. Authorship and Date

In the prologue to his work usually referred to as the *Dialogi contra Judaeos,* Petrus Alphonsi, who had been known prior to his baptism as Rabbi Moses Sephardi, affirms his acceptance of the doctrines of Christianity and attacks the thoughts of his former fellow-believers of the Jewish faith. Afterwards he furnishes careful documentation relative to the date and circumstances of his conversion to Christianity:

> Cum itaque divinae miserationis instinctu ad tam excelsum hujus fidei gradum pervenissem, exui pallium falsitatis et nudatus sum tunica iniquitatis, et baptizatus in sede Oscensis civitatis, in nomine Patris, et Filii, et Spiritus Sancti, purificatus manibus Stephani gloriosi et legitimi ejusdem civitatis episcopi. Hora etiam baptismatis, praeter ea quae praemissa sunt, credidi beatos apostolos, et sanctam Ecclesiam catholicam. Hoc autem factum est anno a nativitate Domini millesimo centesimo sexto, aetatis meae anno quadragesimo quarto, mense Julio, die natalis apostolorum Petri et Pauli. Unde mihi ob venerationem et memoriam ejusdem apostoli, nomen quod est Petrus, imposui. Fuit autem pater meus spiritualis Alfunsus, gloriosus Hispaniae imperator, qui me de sacro fonte suscepit, quare nomen ejus praefato nomini meo apponens, Petrus Alfunsi mihi imposui. [8]

Thus Petrus explains that whereas Alphonso I of Aragon, whose physician he had been, had stood as his godfather, he chose the name "Alphunsus" which is usually rendered in the genitive to indicate that he was the "filius spiritualis" of Alphonso. [9]

In the introduction to his admirable edition of the *Disciplina,* Schmidt includes other testimony relative to Petrus' conversion, among others citing the thirteenth century French Dominican Vincent de Beauvais, who in the *Speculum historiale* (XXX, 118) wrote:

---

[8] Petrus Alphonsi, *Dialogi contra Judaeos.* In Migne, *PL,* CLVII, cols. 535-672.

[9] See Juan de Mariana, *Historia general de España.* In *BAE,* XXX (Madrid, 1854), 285-287.

> Eo tempore [a. Chr. 1105] Petrus Alphonsus, quondam
> Judaeus et Moyses appellatus, Judaismum reliquit, et ad
> fidem Christi conversus libellum elegantem satis edidit, in
> quo contra Judaeos et contra Saracenos egregie disputavit,
> sed in primis modum suae conversionis exposuit... [10]

It appears at first somewhat surprising that the author of the
Dialogi contra Judaeos could abandon so quickly a viewpoint of
such absolute devotion and piety on the one hand and such bitter
denunciation on the other to turn so abruptly to the kind of nar-
rative which embellishes the *Diciplina Clericalis.* According to the
Abbé de Labouderie, Petrus Alphonsi's motivation in writing the
Dialogi was largely a reaction against the criticism that he had
received from his former fellow religionists subsequent to his con-
version to Christianity; one has but to consider Labouderie's
analysis of this work to detect not only Petrus' censuring of the
Jews and their beliefs but also a violent indictment of their involve-
ment in the condemnation and crucifixion of Christ and their sub-
sequent perdition. [11] It must be remembered that Petrus Alphonsi
was baptized in his forty-fourth year, and, according to Moritz
Steinschneider, died in 1110, only four years after his conversion; [12]
thus the transition between the writing of the *Dialogi contra Judaeos*
and the *Disciplina,* if one exists, could have been only a relatively
short one. Whereas we cannot date the composition of the *Disciplina*
with absolute accuracy, we do know that it was composed either
contemporaneously with the *Dialogi* or that it quickly followed it,
for at the beginning of the prologue of the latter, Petrus Alphonsi
declares himself to have become already a Christian, calling himself
"servus Christi Jhesu, compositor huius libri." [13]

Unfortunately we do not know the identity of the French adaptor
responsible for the present manuscript, and he tells us very little
about himself in the prologue which he affixes to the beginning of
his adaptation. It is immediately evident, however, that he was a
man who possessed no slight degree of intelligence and creative

---

[10] Schmidt, p. 5.

[11] Migne, *PL,* CLVII, 531-533.

[12] Moritz Steinschneider, *Die Hebraeischen Uebersetzungen des Mittel-
alters und die Juden als Dolmetscher* (Graz, 1956), pp. 933-935.

[13] Alfons Hilka and Werner Söderhjelm, eds., *Disciplina Clericalis,* in
Sammlung Mittellateinischer Texte (Heidelberg, 1911), p. 1.

ability, for, although he claims in the prologue, and it must be said "rather modestly," to have but translated the work of Petrus Alphonsi into the vernacular, the most superficial comparison of his *Chastoiement* with the *Disciplina* shows that, wavering significantly neither from the narratives nor from the moralistic viewpoint of Petrus, he appears to have been desirous of embellishing the work of Petrus with an abundance of detail and added dialogue, thus giving to it the appeal which it needed to achieve popularity among the non-Latin-reading public of medieval France. Later in this introduction an attempt will be made to substantiate this viewpoint.

C. SOURCES AND INFLUENCE

It is widely agreed that the *Disciplina Clericalis* is eastern in origin. Joseph Bédier raises the question of the transmission to the west of *contes orientaux* during the Middle Ages and cites three major areas responsible for this transmission: Byzantium, the meeting-point of eastern and western civilizations; the existence of a Latin Orient which resulted from a prolonged tangency of Asiatics and Westerners in the Holy Land; and finally, the long domination of the Moors in Spain along with the role played by the Jews in Spanish courts. According to Bédier, "une large part dans l'introduction des apologues et des contes orientaux en Europe doit être attribuée aux Juifs. Arts, sciences et lettres, tout ce que les Arabes avaient emprunté à l'Inde et à la Grèce, ils le transmirent aux peuples de l'Occident. ... Nos trouvères et nos vieux poètes ont tiré de leurs ouvrages des sujets des récits que leur ont empruntés à leur tour les conteurs italiens et français du Moyen Age et de la Renaissance." [14] Anatole de Montaiglon, in the introduction to his edition of the *fabliaux*, is more explicit, claiming that the Arabs were responsible for the first transmissions; citing the *Disciplina Clericalis* as an outstanding example, he adds that "le second et vrai intermédiaire, c'est le peuple cosmopolite par excellence et le seul qui le fût au Moyen Age, c'est-à-dire les Juifs, orientaux eux-mêmes d'esprit et de tradition, qui seuls savaient l'arabe et qui seuls pouvaient le traduire en latin, la langue unique et générale par le

---

[14] *Les Fabliaux* (Paris, 1925), pp. 83-84.

canal de laquelle un conte aussi bien qu'une idée pouvait entrer dans le courant européen." [15] Gaston Paris supports this contention in *La Littérature française au moyen-âge*. [16]

In order to ascertain the circumstances relative to the background and composition of the *Disciplina*, one might first turn to the work itself. In the prologue Petrus Alphonsi invokes God's assistance in the preparation of a work which he is to "bring together" [com- pingere] "partim ex proverbiis philosophorum et suis castigacionibus, partim ex proverbiis et castigacionibus arabicis et fabulis et versi- bus, partim ex animalium et volucrum similitudinibus." [17] At no time in the prologue does he infer that the work had any prior unified form, and, judging from the multiplicity of its sources, it is probable that he collected his material before rendering it into Latin and unifying it into a single work.

The most obvious evidence of eastern influence on the work stems from its form, the illustrative tale or exemplum used for the purpose of reinforcing some moral lesson. It has been said by Menéndez y Pelayo that the *Disciplina* is not only the first example of its genre to be executed in the west, but that it also preceded the translation of major eastern collections of its kind into the various vernaculars. He continues:

> Todos los elementos que entran en la composición de la *Disciplina Clericalis* son orientales, y aun la rara sintaxis que el autor usa, tiene más de semítica que de latina. ... Nuestros escasos conocimientos en literatura oriental no nos permiten determinar a ciencia cierta los orígenes in- mediatos de cada una de las treinta fábulas o cuentos de la *DC*, pero basta el más superficial cotejo entre este libro del siglo XII y las traducciones que en el XIII y XIV se hi- cieron de las grandes colecciones tantas veces citadas, para deducir que el converso aragonés bebió en las mismas fuentes, y que la mayor parte de sus apólogos proceden del *Calila*, de un libro de *Engaños de mujeres*, análogo al *Sendebar*, del *Barlaam*... y de otros libros muy conocidos. [18]

---

[15] *Recueil général et complet des fabliaux des XIIIᵉ et XIVᵉ siècles* (Paris, 1872), I, xvii.

[16] (Paris, 1909), p. 112.

[17] Hilka, p. 2.

[18] Marcelino Menéndez y Pelayo, *Orígenes de la novela* (Santander, 1943), I, xxxvi-xxxvii.

Having read Petrus Alphonsi's prologue to the *Disciplina,* one immediately recalls the prophet's admonition to his son in the *Liber Proverbiorum* (I,8): "Audi, fili mi, disciplinam patris tui, et ne dimittas legem matris tuae." The prophet's use of the word "disciplinam" is evident and it is interesting to note that Petrus' borrowing did not end here, for in order to counsel his son against the sin of sloth, the father relates the parable of the industry of the ant (VI,6). Whereas the use of the illustrative parable during the Christian era is well-known, it is important to take note of the fact that its use was by no means limited to Christianity and Judaism. In the introduction to his edition of the exempla of Jacques de Vitry, Thomas Frederick Crane maintained that the use of apologues or exempla for the purpose of illustrating moral doctrine far antedates their use during the early Christian period. The use of such devices during this period, he said, was simply in accordance with a method of instruction which had been always popular in the East. [19] In his study of the influence of the oriental tale on French literature, Gaston Paris, seeing the Buddhist religion as a philosophic and social sect which was above all a school of moral instruction, said that parables or tales were used by the Buddhists in the teaching of moral doctrine:

> La morale bouddhique embrasse la vie tout entière, sous tous ses aspects et dans tous ses détails: aussi les *exemples* (pour me servir d'une expression consacrée plus tard, dans des circonstances analogues, par la prédication chrétienne) se présentent-ils dans la littérature bouddhique avec les formes les plus variées. Ils servent d'ordinaire, avec une infinie diversité d'applications, à mettre en relief quelques enseignements principaux: ils recommandent la prudence, la miséricorde, l'abnégation, traits essentiels de la perfection bouddhique; ils apprennent à ne pas se fier aux apparences, le monde lui-même n'étant tout entier qu'une illusion, à ne croire ni à sa valeur propre, ni à sa puissance, ni à sa fortune, et surtout à ne pas se fier aux femmes, cause habituelle de toutes les chutes et de toutes les fautes. [20]

---

[19] T. F. Crane, ed., *The Exempla or Illustrative Stories from the "Sermones Vulgares" by Jacques de Vitry* (London, 1890), p. xvii.

[20] Gaston Paris, *La Poésie du Moyen Age* (Paris, 1895), pp. 83-84.

Paris further contends that the essential difference between the early Christian and Buddhist parables or apologues lay in the fact that the former could be characterized often as being somewhat dogmatic and obscure, colorless and without interest, whereas the latter, designed to both please and teach a moral lesson, were often so artfully executed that the reader became so interested in the narrative itself that he missed the point of the moral. [21] This observation becomes particularly applicable in an analysis of the *Disciplina*, as the diversity of subject matter of the various exempla contained in the collection as well as the evident concern on the part of the artist to present them to the reader in the most pleasing form possible further justify the contentions of Menéndez Pelayo as regards the origins of the work and suggest a close connection between the exempla of Petrus Alphonsi and the earlier Buddhist apologues mentioned by Gaston Paris. [22] Still, not willing to chance that the moral message contained in an exemplum escape the reader's attention, Petrus Alphonsi adds, in most cases, a commentary at the end of each in which the moral is clearly stated and its value affirmed by the son. Such commentaries vary in length from several lines to long discourses on some major vice or virtue relative to the preceding exemplum, and the careful and most often elaborate preparation of these commentaries leaves little doubt but that Petrus had more than a passive interest in communicating to his audience the moral message depicted in the exempla. Whereas the French adaptor of the *Disciplina* deletes little of this material in preparing his version, it is interesting to note that the greater part of his labor is channeled into the amplification of the exempla themselves through the addition of colorful description, conversation, details and characters of his own invention, all of which were doubtless intended to guarantee the success of the work by bringing it closer to contemporary French sensibilities.

The influence of the *Disciplina*, identified by Alfons Hilka as "die erste occidentalischen Sammlung morgenländischer Geschichten und Sprüche, bekanntlich das älteste Novellenbuch des Mittelalters," [23] was indeed extensive throughout the Occident. This influence

---

[21] Paris, loc. cit.

[22] See notes 18 and 20.

[23] Hilka, p. vii.

was manifest in two directions—the literary and the more utilitarian one of religious didacticism. Although the former was the more popular and frequent usage, the latter was certainly more in keeping with the work's originally intended purpose. It must be said, however, that these two manifestations, one in which the tales were obviously intended to please or entertain and the other in which they were intended to instruct through the dramatic illustration of moral principles, never appear to be entirely separate, for it is usually apparent that both purposes are inherent to some degree in the presentation of the exempla regardless of the circumstances.

The literary influence of the work is found in many of the vernacular literatures of Western Europe, the most outstanding period of it occurring during the thirteenth and fourteenth centuries. Chauvin lists over fifty-five authors and works, bridging the twelfth and the sixteenth centuries, wherein can be found elements ultimately traceable to the *Disciplina*. [24] Even though no extensive study of the literary influence of Petrus Alphonsi has appeared as yet, the importance of the *Disciplina* as a major sourcebook for both medieval and Renaissance writers of Western Europe has been discussed frequently in connection with individual works which show unmistakable evidence of borrowings from it.

Earlier mentioned, for example, was the importance attributed by Professor Bédier to the *Disciplina* as one of the most significant of the links between the *contes orientaux* and Western European literature, especially in connection with the form and subject matter of the *fabliaux*. [25] In his study of the sources of the *Decameron* of Boccaccio, Marcus Landau maintains that in spite of the frequent biblical references found in the *Disciplina* "so steht doch die religiöse Tendenz im Hintergrunde und die Mehrzahl der Erzählungen und Belehrungen betrifft weltliche Angelegenheiten," [26] an opinion shared by many critics. According to him, four *novelle* of the *Decameron* can be traced ultimately to exempla of Petrus Alphonsi, but Landau maintains the impossibility of discovering with certainty whether Boccaccio took his stories from the Latin original or from one of the French versions of the work. Notably absent in these *novelle* is

---

[24] Chauvin, *Bibliographie*, I, 44.
[25] See note 14.
[26] *Die Quellen des Dekameron* (Stuttgart, 1884), p. 259.

any serious preoccupation on the part of Boccaccio to moralize, but, other than this, no significant alteration is apparent in the first two of them (VII,4; VII,6). [27] Here Boccaccio's only alteration is to name his characters and to add one character in the second *novella*, but one who does not alter the climax. In two other *novelle* (VIII,10; X,8), Boccaccio so amplifies the details of his narrative that only a thematic resemblance with the exempla of the *Disciplina* becomes recognizable.

The fact that many of the exempla from the *Disciplina* which appear in other works vary in degrees of fidelity to the original version may be explained in two ways: either the tales were taken from adaptations from original eastern sources which were done subsequently to that of Petrus Alphonsi, for example, the *Calila e Dimna* or the *Libro de los Engannos e assaymientos de las mujeres*, both translated from the Arabic respectively in 1251 and 1253; or, more probably, these variations in detail, at times so extreme as to alter the original emphasis of the exempla, are the result of an oral tradition whose popularity is well attested during the medieval period. Whereas the influence of the *Disciplina* can be seen to some extent in such major fourteenth century works as the *Libro del Conde Lucanor* and the *Libro de Buen Amor*, maximum assimilation of its exempla occurs in fifteenth century Spanish compilations such as the *Libro de los Exemplos, Libro de los Gatos* and especially the *Libro de los enxemplos por a.b.c.*, where an almost complete, but random, adaptation of the exempla occurs. Professor John Keller's motif index indicates the extent of the Spanish adaptations for anyone wishing to pursue this subject in detail. [28]

Although it was in no way a wholly new concept, medieval clerics appeared to rediscover the utility of introducing exempla into their sermons, realizing that through the use of such narrative insertions they would be able both to attract the attention of and better instruct the less erudite members of their congregations. From all appearances, the *prédicateurs* gauged the frequency of their use

---

[27] Due to the length of their titles, Boccaccio's tales are cited only by day and number; *novelle* VII,4 and VII,6 are traceable to exempla XIV and XI of Hilka's edition, whereas *novelle* VIII,10 and X,8 bear resemblance to exempla XV and II.

[28] John Esten Keller, *Motif-Index of Medieval Spanish Exempla* (Knoxville, 1949).

of exempla upon the erudition, or rather lack of it, of their audience. In the introduction to his edition of the exempla from the *Sermones Vulgares* of Jacques de Vitry, T. F. Crane maintains that the first somewhat systematic use of the exemplum in the pulpit is to be found prior to 604 in the *Homeliae in Evangelia* of Gregory the Great where they were spoken in the various basilicas of Rome. [29] J. A. Mosher concurs, adding that exempla were, in the opinion of Gregory, "often more efficacious than ordinary exposition of Scripture." [30]

Critics are apparently somewhat divided in their attempts to characterize the illustrative tales used by medieval *prédicateurs*; some wish to make clear distinctions between the exemplum, the fable and the parable. [31] It is evident, however, that they are in agreement as regards the important matter of the purpose of clergymen in inserting exempla into their sermons. With this in mind, one might then consider the eclectic definition given the exemplum by Albert Lecoy de la Marche which stresses the intended utilitarian nature of the illustrative story rather than its precise nature. [32]

D. CRITICAL ESTIMATE

Earlier a reference was made regarding the existence of a substantial difference between the viewpoints of Petrus Alphonsi as

---

[29] Crane, *op. cit.*, p. xviii.

[30] Joseph Albert Mosher, *The Exemplum in the Early Religious and Didactic Literature of England* (New York, 1911), p. 11.

[31] *Ibid.*, p. 1-2. [It is interesting to note that in view of this difference of opinion, Petrus Alphonsi makes use of all three of the types cited here. Not only is the parable used (see Introduction, p. 17), but there occur exempla in which only people appear and some in which both people and animals appear on equal footing.]

[32] "Les exemples employés par nos sermonnaires sont de quatre sortes. Les uns sont extraits de l'histoire ou des légendes, particulièrement des historiens de l'antiquité, des chroniques de France, des vies de saints, des livres historiques de la Bible. D'autres sont pris dans les souvenirs de l'auteur.... Les fables composent une troisième catégorie; elle embrasse presque tous les sujets traités par Esope, Phèdre et La Fontaine, plus beaucoup d'autres moins connus. ... La plupart sont empruntés uniquement au génie populaire, qui les avait enfantés, et à la tradition, qui les avait consacrés; un petit nombre, pourtant, semblent directement puisés chez les écrivains antiques. ...

reflected in the *Dialogi contra Judaeos* and in the *Disciplina Clericalis*. The fervent religiosity and evangelical preoccupation which characterizes the former, although present to a lesser extent in the latter, is replaced in the main by an emphasis on secular morality. This is especially true as regards the narrative content of the collection where exempla of a most secular nature can be found. As a means of achieving one's ultimate salvation, Petrus Alphonsi emphasizes the importance of the present life, beginning the work with an endorsement of the value of temporal wholesomeness — an emphasis which will permeate and motivate the entire work. [33] It is by means of this emphasis upon the terrestrial world rather than upon the splendor of the celestial world that Petrus Alphonsi succeeds in having his audience appreciate his contentions and, what is still more effective, empathically share the experiences of the real characters who appear in the exempla. Naturally the narratives are not always so realistic as to guarantee the audience's maximum identification with the characters and their problems, but they do serve to bring the audience closer to the illustrated vices, virtues and pitfalls which are, of course, quite real and contemporary.

This emphasis upon the real and the familiar is at once the most obvious and perhaps most significant characteristic of style, an emphasis which by virtue of its marked importance is common both to the *Disciplina* and to the *Chastoiement d'un pere a son fils*. It is important to note, however, that one of the basic differences between the French and Latin versions of the work results from the always evident tendency of the French adaptor to inflate each exemplum with a wealth of detail and dialogue which, as was suggested earlier, both enhances the general readability of the poem

---

Le dernier genre d'exemples consiste en descriptions ou en moralités tirées de ces singuliers bestiaires, si communs au moyen âge." (*La Chaire française au moyen âge* [Paris, 1886], pp. 302-304).

[33] Cum enim apud me sepius retractando humane causas creacionis omnimodo scire laborarem, humanum quidem ingenium inveni ex precepto conditoris ad hoc esse deputatum, ut quamdiu est in seculo in sancte studeat exercitacione philosophie, qua de creatore suo meliorem et maiorem habeat noticiam, et moderata vivere studeat continencia et ab imminentibus sciat sibi precavere adversitatibus eoque tramite gradiatur in seculo qui eum ducat ad regna celorum. Quodsi in prefata sancte discipline norma vixerit, hoc quidem pro quo creatus est complevit debetque perfectus appellari. (Hilka and Söderhjelm, *op. cit.*, p. 1).

and in most cases heightens its effect upon the audience. [34] This constant amplification on the part of the French adaptator ceases when he reaches the didactic portions of the *Disciplina*. The brief commentaries voiced by the father and son wherein judgment is rendered on the value of the moral lesson contained in the preceding exemplum are either retained without significant alteration or the non-exemplary portions of the original Latin work which can be considered strictly didactic are often omitted by the adaptor. [35] These factors strongly indicate that the adaptor's chief preoccupation was not primarily the value or utility of the work's underlying didacticism, but rather his concern to insure the attractiveness of the narrative portions of his adaptation.

A tendency on the part of the adaptor to omit or alter those elements in the *Disciplina* which might lack significance or be unfamiliar to his thirteenth century audience because of their exotic nature is evident throughout the manuscript. Some of these alterations are of the most elementary kind: the philosophers Enoch and Balaam cited specifically by Petrus Alphonsi in the original, not to mention the dying Arab ("Arabs moriturus," Hilka, p. 3) of the first exemplum of the collection, become simply *saives homs* who respectively admonish their sons to fear God, shun sloth and not consider another person to be a friend until you have proven him to be. On the other hand, some specific references to eastern culture found in the *Disciplina* are retained, such as those to geographical locations which would have been familiar to western Europeans. Yet, in the thirteenth exemplum, the adaptor speaks of a *prodom* born in Spain who by virtue of the fact that he is making a pilgrimage to Mecca is evidently of the Islamic faith, and, either through a sense of necessity or through simple desire, he further clarifies the simple reference found in the *Disciplina* by referring to Mecca as the city "... ou Mahomert henorez / Et de Sarrazins aorez" (vv. 2225-2226). Insofar as Petrus Alphonsi evidently "westernized" his

---

[34] A general indication of this amplification might be seen in that, taking into account the relative conciseness of Latin over French, the French adaptation is more than twice as long as the Latin version in spite of the fact that several of the exempla and some didactic portions of the latter are lacking in the former.

[35] The most significant of these omissions have been included in the notes following the text.

sources to some extent, the French adaptor was spared for the most part a similar task. It has been suggested that the personnage of the *heremita* in the fifteenth exemplum who assists the young man in retrieving his deposit from the dishonest trickster was in an earlier source a *cadi*.[36] Here Petrus Alphonsi's alteration of a Mohammedan judge or magistrate into an old woman seems to have stemmed from his desire to have the father show his son that even though women are usually deceptive, there are some who, since they channel their ingenuity in some positive direction, and thereby benefit righteousness, are deserving of praise.

A few alterations and additions found in the French adaptation appear intended to give to the work an occasional touch of Gallic flavor which was of course lacking in the original. Most notable of these is the adaptor's treatment of the unidentified, but clever, fox that appears in the fourth, fifth and twenty-third exempla of the original. So renown is this fox for his cleverness and shrewdness that, in these three exempla, Petrus Alphonsi has his services sought respectively by a king, a bourgeois and a ploughman, all of whom find themselves in need of a mediator or judge. Naturally, this fox is a character well-known to the adaptor who cannot refrain from giving him the name "Renart" and identifying as "Ysengrin" the greedy wolf whom the fox so easily deceives in the twentieth exemplum. Elsewhere in the adaptation, depending upon what might have been a scribal error where the words "Paris" and "Pareïs" became confused, there appears to be an alteration of a proverb used by Petrus Alphonsi ("Magis valet longa via ad paradisum quam brevis ad infernum," Hilka, p. 29) inasmuch as the adaptor has the father say to his son: "N'as tu ... appris / Que mieldre aler a Paris / Fait par laide et par grieve / Que en enfer par bele et breive?" (vv. 3009-3012).

As was previously mentioned, the most significant difference between the original and the adaptation can be characterized by a general lengthening and alteration of the narrative material of the former through the addition of material to the latter. Nothing short of a careful comparison of the two versions can fully illustrate the extent of this amplification. A brief amount of amplification can be seen,

---

[36] *Histoire littéraire de France*, XIX, 829.

for example, in the adaptor's addition to Petrus Alphonsi's original prologue of the dialogue between the cricket and the ant whereas only a one-line reference to the ant's industry appears in the Latin version ("Fili, ne sit formica sapiencior te, que congregat in estate unde vivat in hieme," Hilka, p. 3). A considerable inflation of the original which due to its expansiveness does perhaps increase the audience's sympathy is to be found in the adaptation of the "Weeping Bitch" tale. In the *Disciplina* the spurned lover expresses his dismay rather simply in but a couple of lines, but in the adaptation, his most piteous lamentation continues for 156 lines! Most noticeable of the adaptor's additions is that of the twenty-fifth exemplum at the end of the text, a tale characterized by the "King Lear" motif and one which never appeared in the original *Disciplina*. More will be said about the possible significance of this inclusion later. May it be said that while the adaptor normally follows the general pattern of the original, frequently abbreviating or omitting the purely didactic portions of it, he skillfully adds material which neither alters nor detracts from the originally intended point of the story. At most, it might be argued that his audience may have become so absorbed in his narratives that a moment of reflection might have been necessary at the conclusion so that the exemplum might be associated with the intended moral lesson, but the moral is never distorted although it may seem to be obscure at times because of its apparent role of secondary importance.

Notwithstanding divergencies with regard to style and the fact that not only much of the purely didactic material but several of the exempla appearing in the *Disciplina* have been omitted in the adaptation, it becomes evident through a comparison of the two versions that there exists within both a common systematic order as well as a predominance or recurrence of basic themes. [37] Although the divergencies and omissions do account in part for a change of emphasis in the adaptation, they do not significantly alter the fundamental and apparently intentional organization of the work from that organization which characterizes its prototype.

---

[37] See Appendix A for an indication of the corresponding numeration of the *Disciplina Clericalis* and the adpatation. Numerical references in this introduction, unless otherwise indicated, invariably refer to the numeration of the exempla in the *Chastoiement*.

An attempt to define the structural organization of the work by means of a classification of the exempla by theme or subject results in the discovery of two clearly defined divisions within it. The first of these can be characterized by the fact that, with the exception of the fifth and tenth exempla which serve as what might be considered parenthetical devices rather than as thematic vehicles, each of the first twelve exempla, as well as a portion of the prologue, are concerned with various types of personal relationships. Those treated are respectively man's relationship with his creator, his friends, his parents and finally with his spouse. Thus all of what might be termed "intimate personal relationships" are present. In keeping with the predominant religious tone which characterizes the prologue, it is here that the father instructs his son as to what constitutes a proper relaionship with God. Since this subject was such a familiar one to medieval man, the father feels no need to illustrate by means of an exemplum his basic admonition that man's perfect harmony with his creator is founded upon his constant love of Him, fear of His ultimate justice and obeisance of His law, a law which would already be clearly defined in the mind of medieval man. The adaptor's somewhat unadorned and automatic treatment of so serious a subject and his failure to include an epilogue at the end of his poem similar to that that is found at the end of the original appears to be a further indication that his chief concern lay rather with man's temporal welfare and tranquility than with his ultimate salvation.

This heightened preoccupation with temporal matters becomes apparent when, having abandoned the so familiar and traditional subject of man's relationship with God, the father turns to temporal relationships, specifically to a discussion and illustration of friendship. Attesting to the importance of this subject is the fact that the author has the father relate four exempla which treat all of the possible facets of friendship by illustrating the beauty as well as the extreme rarity of it. The father's basic contention is that true friendship can be based upon nothing less than absolute selflessness on the part of a man for his friend. Realizing perhaps that a simple statement of fact might ultimately serve no purpose and wanting to furnish some concrete means of accurately assessing true friendship, the father urges his son never to consider another a friend until the latter has proven himself to be such either through some sacrifice or risk to his own personal welfare. Wishing to include all possible situations, he contends further that one should exercise caution in offering friendship to another lest he might incur some hardship from doing so, for, in spite of the sincerity of one's intentions, another might not welcome his friendship for some reason which is not immediately apparent. Finally, the folly of obstinately ignoring the well-intended advice of a proven friend an the old theme of guilt by association are depicted in the sixth exemplum. Within these early exempla, a significant characteristic of the author's style can be observed — the technique of rendering both a specific and a general moral lesson by means of one or, more often, several exempla wherein each reinforces the general moral intended in an earlier one. The practical or immediate value of the exempla dealing with friendship is obvious, but the versatility of the work results from the fact that instruction of a more general and important nature is conveyed inasmuch as the author succeeds in illustrating for his son the virtue of exercising caution and reason in any undertaking and the folly of unreasoned obstinacy. The author's condemnation of obstinacy, depicted in the sixth exemplum by the clerk's stubborn refusal to heed the advice of his friend, was introduced as the basic theme of the fifth exemplum where the continued obstinacy of the hunchback results in but a worsening of his predicament. Moreover, since the hunchback's misfortune results from his refusal to comply with the law, it appears that there is inherent within this exemplum a further admonition that an individual should accept the law although it may seem to him an unjust law. Thus, this concentration upon the condemnation of obstinacy develops both a national as well as the immediately practical significance of conditioning the young man to accept or reject advice, not because of any preconceived opinion or prejudice, but solely upon the basis of reason or authority. The utility as well as the importance of such a lesson at the beginning of the work is naturally quite clear; the added stress given to the condemnation of obstinacy — the inclusion at this point of the fifth exemplum which has nothing particular to do with the other exempla joined in this division of the work — does appear to ascertain the author's purpose in including it.

Having introduced in the third exemplum the notion of duty towards one's parents, a subject which will be more fully developed in the adaptation through the inclusion of an exemplum which did not appear in the *Disciplina*, the father relates five exempla which treat rather pessimistically man's relationship with his wife. The hiatus occurring between the third and fourth of these exempla, created by the inclusion of a formula tale wherein a great number of sheep must be ferried across a wide stream two at a time, appears significant. All three of the exempla preceding this hiatus warn of the deceitful nature of women by illustrating three similar situations in which a wife, aided at times by her mother, welcomes a lover after her husband departs on his daily routine. In all three of the tales, the husband's unexpected return does not prevent the wife from cleverly concealing her infidelity. At the conclusion of the third tale, the son's extreme anxiety to hear another such tale is reproached by his father who, likening himself to a certain king's story-teller, relates the formula tale. It becomes clear here that the father realizes that the moral, essentially the same in all three tales, has been clearly illustrated; therefore, he realizes that his son's anxiety stems from nothing more than the entertaining aspects of the narrative material itself. The hiatus also serves to create a break between the author's attitude toward women as depicted in the five exempla. In the eleventh and twelfth, he seems to moderate his earlier harsh attitude towards wives in that he suggests the existence of exterior influences which may sometimes contribute to their misconduct. In the first of these two, a virtuous but gullible woman is tricked by an old woman into yielding to the passion of a young man; the go-between becomes the deceitful one and the wife's fault is more one of stupidity than flagrant infidelity. In the second of the two, a wife whose life has become one of continual imprisonment brings about the downfall of its agent, her husband; this is a rather unique exemplum in that, unlike in other exempla, the husband's actions contribute to his own undoing. The author, anticipating here the son's disillusionment with the idea of marriage and his statement of determination to remain single (vv. 2197-2200), appears to argue that a husband who without provocation keeps his wife imprisoned in order to prevent her from possibly being unfaithful is partially responsible for any consequences of this harsh and unreasonable precaution. Abruptly at the end of this tale, the father is quick to advise his son that man can receive no greater gift from God than a woman endowed with wisdom and chastity. Although instruction regarding personal relationships will recur throughout the work, it has been formally completed at this point and from here onward will occupy usually a secondary level of importance. [38]

Following the twelfth exemplum, there is a transition from the first division of the work in which were emphasized strictly personal relationships to the second division marked by an emphasis upon social relationships and characterized by the exemplification of diverse social ills and faults which the son is apt to encounter during his lifetime. This transition is a subtle one, for the father informs his son who has expressed his disillusionment with women that he will relate a tale in which an old woman turns her *engien* towards the accomplishment of some laudable goal (vv. 2211-2220). The intentional aspect of this transition which is common to both the *Disciplina* and to the adaptation is proven by the fact that the old woman is a substitute or invented character taking the place of the philosopher whose assistance is sought in the fourteenth and fifteenth exempla. [39]

In his desire that the naive young man be armed against dishonesty, the author has the father relate four tales in which the selfishness and rapacity of dishonest men practically destroy the welfare of their unsuspecting and trusting peers. The structure or arrangement of the exempla at this point is particularly interesting in that the final exemplum on the subject is intended to illustrate the success of reason, the most effective and efficacious device which can be employed against dishonesty. In the thirteenth, fourteenth and fifteenth exempla, the author, while making the obvious point that dishonest men do exist in society, goes a step further as he implies that one can never be certain where he might encounter dishonesty and that the surest defense against it is reason. A further implication, a particularly modern one for the thirteenth century, is that people are more prone to have confidence in a man of wealth or position than in a poor man, for in all three of these exempla the wronged individual, failing to acquire help from the populace,

---

[38] Since the twenty-fifth exemplum of this edition, although it is essentially a serious consideration of the relationship which exists between parent and child, was added to the adaptation and thereby violates the division of the work by virtue of its position in the adaptation, it will be considered at a later point in this introduction.

[39] See note 36.

must seek the aid of a philosopher (a wise old woman in the thirteenth exemplum) in order to defend his cause against a man whom the populace refuses to believe capable of a dishonest act. At the conclusion of the third of these exempla, as if to support the implication that reason is the surest safeguard against dishonesty, the author has the father warn his son of the necessity of scrutinizing closely those whom he may have occasion to accompany, and then he illustrates the effectiveness of this precaution in the seventeenth exemplum where a rather unintelligent peasant does manage to foil the dishonest scheme of two bourgeois whom he is accompanying simply because he has the foresight not to place too great a trust in these acquaintances whom he has known but a short time. The author's fundamental contention is that reason is the best means of extricating oneself from an embroilment, but, returning again to one of his most frequent admonitions, he stresses that the most reasonable thing is for one to exercise caution so as to avoid unpleasant embroilment in the first place.

Then turning towards a consideration of certain ills which plague society, the author devotes five of the last seven exempla (the twenty-first again treating the recurrent theme of exercising caution in accepting advice from a person and the twenty-second the need for financial and governmental responsibility in the personnage of a ruler) to the illustration of various aspects of greed. Not only discussing the ugliness of greed but also by greatly emphasizing its futility, the author draws nearer to the religiosity which was present in the prologue by having the father relate the tale of "Maymond le parresseux" which illustrates those contentions which follow it regarding the instability of life and the transitoriness of worldly possessions. The rather abrupt completion of the work results perhaps from the omission in the adaptation of several exempla found at the end of the *Disciplina* which emphasize the relative brevity of human life and the insignificant and ephemeral aspects of temporal wealth. In one tale, for example, the philosopher Socrates, forsaking the world of men, asks the royal courtiers to inform their king that he (the king) is but a slave to his (Socrates') slave, for, as he explains, he has succeeded in mastering his will whereas the king has not. In another case, a young man wisely gives away the riches which he has inhertied from his father and boasts that by doing so he has avoided the necessity of fearing for the loss of them. In yet a third one of the exempla omitted by the adaptor, a philosopher pauses to read a tomb inscription which in its simplicity ("...Sum quod eris; quod es, ipse fui...," Hilka, p. 48) reminds him of the reality of his own impending death. In view of these omissions and abbreviations which characterize the adaptation, the traditional doctrine verging upon dogma which is found within these exempla tends to indicate the reason for their omission. Throughout the adaptation, the emphasis is distinctively worldly and a direct concern with the after-life is minimized; the father's major concern is above all to prepare his son to cope with the problems of society and to interact wholesomely with his peers.

In this light, the addition of the "King Lear" tale at the conclusion of the adaptation becomes particularly significant. In response to his son's question as to whether a man can love anything as much as his son, the father answers: "Oïl ... cil qui pere et mere enhore / Dure plus el siecle et demore; / Mes cil est bien foul qui s'essille / Ne por son fils ne por sa fille" (vv. 4357-4362). It is quite possible that the position of this tale simply results from the fact that it never appeared in the *Disciplina*; its subject would have warranted its inclusion in the first division of the poem. It is safe to say, however, that its subject clearly indicates that the author wished to emphasize most dramatically the importance of the relationship between parent and child. Its location at the end of the work, whether it be intentional or fortuitous, does cause it to take on a distinctly modern significance from the point of view of contemporary psychology since the parent-child relationship is certainly deserving of emphasis in that it is a relationship most instrumental in the formation of the individual's personality. Even more interesting is the fact that in both the exemplum and in the didactic material preceding and following it, the author, not simply illustrating the cruel ingratitude of the two daughters, is careful to point out the father's foolish generosity as a contributing factor in the division between the children and himself. Thus one receives the distinct impression that the narrator, after his long instructive discourse, feels compelled to admit to his son that even a well-intending parent can err and that the supreme preceptor in the final analysis is Reason.

E. ANALYSIS OF THE TEXT

In his prologue, the French adaptor announces that he will "translater Pierre Aufors" in order to illustrate that honor is derived from righteousness, reason and wisdom. After a brief discourse on the value of intelligence, he advises the reader that the work of Petrus Alphonsi has a didactic purpose and warns that even the amusing and entertaining portions of it are intended to convey a moral lesson (1-92).

At the beginning of Petrus Alphonsi's poem, a sage admonishes his son to love, fear and obey God. He is to shun hypocrisy, seeking only the praise of God which, unlike temporal praise which vanishes in but a moment, endures. Instructing his son to shun sloth, the sage relates a tale treating the industry of the ant and the slothful cricket, and he cautions his son not to let the cock rise before him in the morning. He praises true friendship and tells the boy not to let a dog, because of its amicable nature, be considered more noble and loyal than himself (93-226).

Exemplum I: "Le Demi ami"[40] Being near death, a man asks his son how many friends he has managed to acquire during his lifetime, and the son claims that he has acquired one hundred. The father is sceptical as he himself has acquired but half a friend, and he counsels his son never to call anyone a friend until he has proven him to be one. In order that he might test the loyalty of his friends, the father urges his son to place the carcass of some animal into a bloodied sack pretending that it is the body of some man whom he has slain and to seek his friends' assistance in dispensing with the body. The boy returns and, having found no one willing to help him, is sent to his father's half friend who consents to assist him in interring the body (227-330).

Following the tale, the narrator tells his son that one cannot call a friend he who will not help him when he is in need. Asked by his son if he can recall anyone who ever truly possessed a "whole friend," the father, looking toward the next exemplum, says that he

---

[40] This title and subsequent ones used in this introduction are not found in the MS; they have been accepted for convenience by the editor as standard French titles as used by Chauvin. See note 1.

has never seen such a person, but that he has heard of a man who was willing to die in order that his friend might be saved from death (331-342).

Exemplum II: "Les Deux amis." Two merchants, one from Bagdad and one from Egypt, meet when the former goes to Egypt on business. Lavishly fêted by his friend for a week, the merchant from Bagdad falls mysteriously ill on the intended day of his departure with what is later diagnosed as a "passion d'amor." All of the women of the Egyptian's household are brought forward, but none of them are the cause of his illness. Finally it is discovered that the girl the Egyptian is planning to wed holds the power of life and death over the ailing merchant. Together with a rich dowry, she is given to the merchant who returns with her to Bagdad (343-432). Several years later the Egyptian, now impoverished, goes to Bagdad to see if his friend might have pity on him. Ashamed of his condition and appearance, he delays going to his friend's house and is witness to a murder. Preferring death to his miserable condition, he confesses to the crime and is sentenced to be hanged. In the crown which quickly gathers is the merchant from Bagdad who, recognizing his old benefactor and wondering how he might help him, confesses to the crime. Then he is sentenced to be hanged. The real murderer is circulating in the crowd and is apparently pricked by conscience for he announces that he cannot let an innocent man be executed for his crime. He reasons that God, the *juge dreiturier*, sees all things and that even if he were able to escape judgement on earth, God would certainly deal more harshly with him after death. The people seek the advice of the king who guarantees all of them pardon on condition that they explain their various actions. The Bagdad merchant bestows one-half of his possessions upon his friend, who then returns to Egypt (433-610).

The father instructs his son on the choice of a friend. He warns him that one should not reveal his feelings to anyone until he has proven the individual to be a true friend, for there are those who would feign friendship in order to learn another's secrets. One should, he says, shun both sloth and the *lecheor* whose praise is dishonor and whose criticism is actually great praise. One should be cautious in speech, never giving his opinion until he has carefully thought out a problem. Moreover, one should always seek knowledge, especially the well-born individual who, if ignorant, bears the greatest shame (611-726).

Exemplum III: "Le Mulet" A king richly rewards a good poet despite his humble origins and refuses to give anything to a poet who boasts an impressive ancestry but whose poetry merits no distinction. When questioned by the king as to his parentage, a second mediocre poet refuses to mention his father and lauds the intelligence of a maternal uncle. This prompts the king to relate a tale in which Renart the Fox meets a new-born mule which boasts that his uncle was a well-gaited, swift horse, refusing to admit that his father was an ass (727-834).

The father and son discuss the predominance of *lecherie* in their society where everyone takes delight in deceit, folly and lying; the father admonishes his son always to avoid lying, to remain faithful to his word and not to intervene on behalf of one who has been justly condemned lest he himself become implicated in the affair (835-886).

Exemplum IX: "L'Homme et le serpent" Freeing a serpent tied to a stake by shepherds, a man places it under his clothing in order to warm it. As soon as the serpent recalls its innate character, it bites and winds about its benefactor. The man, outraged at the snake's lack of appreciation, presents his case to Renart who happens to be passing by; Renart tells them that he cannot judge the case solely on hearsay and asks that the scene be re-enacted. When the serpent is again bound to the stake, Renart challenges it to free itself and reminds the man that misfortune befalls him who assists one who has been justly condemned (887-944).

The father admonishes his son that should he ever find himself in an unfortunate situation, yet one from which he is able to extricate himself, he should not hesitate to do so, for if he should await a more convenient or facile means of escape, he may later find that he is not able to free himself from his predicament (945-954).

Exemplum V: "Le Refus de l'impôt" A clerk, guaranteed the satisfaction of one request by the king, asks to be the gatekeeper of one of his cities for a month and to extract a tax of one *denier* from each person desiring entrance into the city who is humpbacked, blind in one eye, or suffering from a disease of skin or scalp. One day a hunchback refuses to pay his tax and the clerk notices that he has but one eye. Now the fellow must pay two *deniers*. As he scuffles with him, the clerc discovers that the man also has a scalp and skin condition as well as a hernia. The poor fellow is finally obliged to pay five *deniers,* one for each of his infirmities, though he could have passed into the city for only one had he not argued (955-1028).

The father advises his son that through a consideration of the misfortunes or faults of others he might protect himself from similar ones. Thinking of the subject matter of the next exemplum, the father admonishes the boy to avoid the company of iniquitous persons lest he become involved in their misconduct (1029-1042).

Exemplum VI: "Les Deux clercs" Passing an inn where there are many assembled who are drinking, singing and gambling, two clerks disagree as to whether they should enter. Against the advice of his friend, one of them lets himself be drawn into the inn to join in the merriment, and he drinks with the company. The provost of the city arrives with a contingent of men in search of a felon who has threatened to burn the city and whom he suggests in amid the company. Everyone is arrested and led away to he hanged, including the innocent clerk (1043-1110).

The father advises his son to avoid the company of criminals lest he, like the unfortunate clerk, become implicated in their crimes. Then he says that most woman are deceitful and evil; one must ask God to protect him from their wiles. When the son urges him to tell another tale, the father says that he will tell several, but warns the boy, who is recording every tale which he tells, that, whereas their only purpose is to instruct man as how to be able to best protect himself against the deceit of women, some women might use them as instructions for dishonorable undertakings. The son urges his father to continue and reminds him that others, even Solomon, told such tales and were only more esteemed for doing so (1111-1160).

Exemplum VII: "Le Borgne" The wife of a vinedresser receives her lover after her husband has left the house to tend his vines. Having injured his eye, the husband knocks unexpectedly at the locked door. For lack of a better place to conceal her lover, the wife hides him in the bed. When the husband expresses his desire to rest, the wife tells him that she will first heal his injured eye by means of a charm; she places her mouth over his good eye, blocking his view of the lover who slips away unnoticed. The wife then flippantly informs her husband that never will his good eye receive such punishment as did the injured one and sends him to bed (1161-1228).

The father again voices his uneasiness that some evil woman might use such a story to her own avantage, but the son urges him to continue (1229-1242).

Exemplum VIII: "La Toile tendue" As soon as the husband departs, his wife sends her mother to fetch her lover. The mother consents only after her daughter assures her that she truly loves the man. After the two lovers are together, the ailing husband unexpectedly knocks at the door and the women hide the lover in the bed. To block the sight of the lover escaping, the two women hold up a newly-made coverlet before the husband so that he can admire it. Before he is allowed to go to his bed to rest, the mother-in-law sternly orders her daughter to cover the bed with the coverlet so that he will rest more comfortably (1243-1312).

The son assures his father that he is deriving immense benefit from these tales and urges him to continue (1313-1320).

Exemplum IX: "L'Epée" Following her husband's departure, a lady sends her mother to seek her lover, but after he arrives they are surprised by the return of the husband. Not being able to find any suitable hiding place for him, the mother thrusts a sword into his hand and cautions him to say nothing at all and to permit her to explain the situation. She explains to the inquisitive husband that this frightened man ran into the opened door of their house for he was being chased by three other men with drawn swords who intended to kill him. The husband praises his mother-in-law and gives thanks to God that they were able to help someone in need. The lover is then treated as a welcome guest and departs at nightfall without the husband's suspecting the deceit of which he has fallen victim (1321-1426).

The son marvels at the evil nature of the wives in the three preceding exempla and urges his father to tell a fourth. His father, somewhat weary, gently chastises his son's eagerness and remembers a tale of a king and his storyteller which, at the boy's urging, he procedes to tell (1427-1451).

Exemplum X: "Le Conteur" A king's storyteller normally tells him five stories each night. One night the king is not sleepy and demands another story. The storyteller refuses, then concedes when the king insists. He tells the story of a peasant who, returning from a fair where he has bought a large number of sheep, comes to a deep, wide stream where the only means of passage is a small boat which will hold but two sheep and the old woman who operates it. After the storyteller relates how she ferries two sheep across, he falls asleep. The king orders him to continue, but is told by the storyteller that as there are many sheep, a wide stream and a slow boat, they might easily sleep until all of them have been ferried across. The king is pleased by his cleverness and permits him to rest for the night (1452-1544).

The father claims that his son's insistency is similar to the king's, warning him that he may receive similar treatment. His son reminds him that whereas the king wanted only to be pleased and amused, he wishes to learn how to better protest himself. He asks for another tale treating woman's evil nature (1545-1566).

Exemplum XI: "La Chienne qui pleure" A wife whose husband departs on a pilgrimage to Rome has no desire to be unfaithful to him. A young man of the neighborhood becomes deeply enamoured of her, but she constantly repulses him. One day as he laments his misfortune, an old woman overhears him, learns of the reason for his unhappiness and promises to assist him in gaining the lady's affection. For three days the old woman starves a bitch which she has and then feeds it some bread which she has soaked in hot mustard. She goes to the lady's house and, when asked why the dog is crying, she tells the lady that the dog was once her daugther who rejected the affection of a young man and allowed him to die rather than respond to his affection. Therefore God turned her daughter into a dog in order to punish her for her pride. The lady confesses that she is guilty of the same fault, and the old lady advises her that her liaison with the young man will certainly remain a secret although it would be better that it be known by everyone if this be required to prevent her from the same harsh punishment that had befallen her daughter. The old woman then sends for the youth and the faithful lady is successfully deceived (1567-1936).

The son says that surely such is the work of the devil and says that, if one put his mind to it, he should be able to confound such evil workings. The father, looking towards the next tale, disagrees (1937-1950).

Exemplum XII: "Le Jaloux mis à la porte" Knowing the nature of women, a young man asks a sage how he might prevent his wife from deceiving him. The sage advises him to build a house from which she cannot possibly escape, and the young man follows this advice, always locking his wife in the house when he goes out and keeping the keys to the door under his head at night. The wife becomes enamoured of a young man whom she sees from her high window and longs to join him. She decides that she will get her husband drunk, steal his keys, and sneak out while he is sleeping. Some time later, the husband begins to wonder why she urges him to drink so much each night. One evening he feigns drunkennes, feels his wife steal his keys and hears her depart from the house. He locks the door after her and awaits her return. She returns to find the door locked and, begging him to forgive her and promising faithfulness, she is told that she will have to wait until her relatives arrive and see the evidence of her infidelity. Saying that she would prefer death to such shame, she threatens suicide and goes to a nearby well and drops a large stone into it. Hearing the splash, the husband rushes out, regretting his harshness. His wife who had been hiding under the steps rushes into the house and locks him out. He pleads with her to allow him to re-enter, saying that he will say no more of her faults since it is useless to try to keep a woman from mischief. She upbraids him for leaving her alone and accuses him of infidelity. Not yielding to these pleas, she sends for their relatives and accuses him of the very crimes of which she is guilty. The husband dies of shame and his wife is considered by all to be a righteous woman (1951-2182).

The father notes that this man did everything that he could to prevent his wife from deceiving him, but that he failed. The son, stating that any precautions in such a matter are doomed to failure, says that he will remain a bachelor. His father assures him that there are some women who are wise and honest, and he adds that there is no greater treasure on earth than such a wife. The son then asks for a story about a woman who turned her cleverness towards some good end (2183-2220).

Exemplum XIII: "Le Dépositaire infidèle joué" A man from Spain passes through Egypt on a pilgrimage to Mecca. Fearing possible loss of his money, he decides to deposit it with an Egyptian reputed by all to be an honest man. When he returns to claim his deposit, the man disclaims knowledge of the transaction. The townspeople refuse to believe the traveler's accusations against a man whom they have always known to be of fine character. Finding no one who will help him, the traveler encounters a kindly old woman who takes pity on him. She urges him to seek one of his loyal fellow countrymen and to return to her. When they return, she advises them to get ten large trunks and to load them heavily with stones. This having been done, she and the loyal friend go to the house of the trickster and ask if he will hold ten trunks of money in trust until they are later reclaimed. As they are discussing the matter, the first depositor appears and again asks for his deposit. The trickster, fearing the loss of the larger deposit, quickly returns his money. Then all of them depart joyously, leaving but one trunk full of stones as reward for the trickster (2221-2478).

The son praises this good woman's cleverness. Comparing her subtlety to that of a philosopher, the father says that philosophers are more naturally clever because of their knowledge. The son asks for a story to support this contention (2463-2478).

Exemplum XIV: "Les Barils d'huile en dépôt." A house being his sole inheritance, a young man is determined not to part with it under any circumstances. A rich man of the neighborhood, wanting the house very much but not being able to convince the young man to sell it, decides to trick him out of it. He fills five barrels full and another five half-full of oil and asks the young man to store them for him until a better price may be obtained for them. The trickster claims that all of them are full of oil, and the simple young man does not bother to inspect them. Later when the trickster returns with several other people and reveals that five of his barrels are but half-full, he accuses the young man of theft and drags him before the court. Having no money, the young man is without a defense. A philosopher, known for his assistance to the unfortunate as "Aïe as desconfortez," is present in the town. Learning of the young man's plight, he consents to help him. He proposes that they measure the proportion of clear and thick oil in both the full and half-full barrels and that if there is as much thick oil in the former as in the latter, then there has been a theft, but that if the proportions are not equal, then no theft has ocurred. Having proved the young man's innocence, the philosopher tells him that even though he lived in the neighborhood before the trickster, it would be better to sell his house rather than have such a man for a neighbor (2479-2724).

Having pleased his son with this tale, the father says that he will tell another illustrating the wisdom of a philosopher (2725-2732).

Exemplum XV: "La Bourse perdue." A poor man finds a purse containing one thousand gold *besants* and a golden serpent lost by a man who, having discovered his loss, goes to the provost to report it and offer a reward of one-hundred *besants* for its return. In spite of the objections of his wife, the poor man returns the purse only to have his honesty rewarded by an accusation that he has withheld from the purse a second gold serpent. Everyone sides with the rich man and the poor man is brought before justice. A philosopher learns from the latter that he is innocent and takes his defense. He maintains that the rich man must be honest for he has heard nothing but praise for him for the assembled gathering. He adds that the man would certainly not lie and thereby bring blame upon his good name. Secondly, the clever philosopher says that the poor man must be honest or he would never have returned the purse. His decision is that the poor man be given his hundred *besants* for his honesty and that the purse be held in safekeeping until claimed by its rightful owner. He suggests that the rich man who lost a purse containing two serpents keep looking for his property. The rich man then avows his deceit, claims the purse, gives the poor man his reward and is pardoned by the king (2733-2934).

The son remarks on the superiority of knowledge and praises the philosopher's capability and shrewdness (2935-2942).

Exemplum XVI: "La Route et le sentier." The father then advises his son to scrutinize carefully anyone with whom he has occasion to travel; he stresses the value of following old, established routes, even though the new ones may be shorter and more attractive (2943-2968). This reminds his son of an experience he once had while traveling. He and his companion were far from their destination and, having found a new path, they are advised by an old man that they should follow the old road rather than chance becoming lost while taking the new one. Rejecting this advice, they take the new path, become lost and do not reach the city until daybreak (2969-3008).

The father reminds his son that it is better to go to Paris or Paradise by a harsh, unattractive road than to go to Hell by a short, easy road (3009-3012).

Exemplum XVII: "Le Pain." Two bourgeois and a pesant are traveling together on a pilgrimage to Mecca. Having only enough flour to make a single loaf of bread, the two bourgeois scheme to keep the peasant from getting any of it. While the bread cooks, they plan to sleep and he who has the most marvellous dream will have the right to the loaf in the morning. While the two bourgeois sleep, the peasant eats the half-baked loaf. In the morning the bourgeois tell their dreams — one how he was borne up by two angels and placed before God, the other how the earth opened before two angels and himself so that they might visit Hell. The eavesdropping peasant who pretends to wake up feigns surprise at the sight of the two bourgeois. He then informs them that he dreamt that one of them was carried off to Heaven, the other to Hell, so that he, believing that he would never see them again, got up and ate the bread (3013-3162).

Condemning the actions of the bourgeois, the son is delighted to see them justly tricked by the peasant at their own game (3163-3196).

Exemplum XVIII: "La Viande et les os." Advising his son always to treat his companions fairly and with respect, the father relates a tale in which one of two rival *jugleors* seated together at dinner desires to make a fool of the other who was receiving a more cordial welcome from the guests. Gathering all of the bones that he can find, he stacks them before his rival and calls attention to the great pile, accusing the other *jugleor* of being a glutton. The accused replies that at least he has not, like an animal, eaten both meat and bones! He who tried to bring shame upon another is hooted and ridiculed by the assemblage (3197-3268).

The father advises his son that he should respect and assist those who are less fortunate than himself and that he should shun avarice as a waste of one's energy and time (3269-3302).

Exemplum XIX: "L'Oiselet." A peasant possesses a lovely garden which blooms during summer and winter and which is always full of sweet-singing birds. One day while lying in his garden and listening to the birds' music, a small bird whose song particularly

pleases the peasant stops singing. The peasant prepares a trap
with which he catches the bird and informs it of his intention to put
it into a cage where he might always hear it sing. The bird swears
that it will never sing if imprisoned, but says that it will continue
to sing and will teach the peasant a fine lesson if it be permitted to
return to the garden. The peasant consents and the bird instructs
him to never believe everything people tell him, to keep whatever
possessions he has, and not to lament the loss of whatever he may
lose. Then the bird taunts the peasant for releasing it because he
failed to perceive that within its body was a precious stone weighing
as much or more than an ounce. The peasant becomes enraged and
is again taunted by the bird which claims that he has already forgot-
ten his lesson; the bird explains that it would be impossible for it
to have such a weighty stone within its body since it does not weigh
that much itself. Before it flies away, the bird says that the peasant
ten his lesson; the bird explains that it would be impossible for it
Therefore, the peasant failed to learn any of his lesson (3303-3460).

The son agrees that the peasant was truly foolish to bewail the
loss of something which he never really possessed (3461-3464).

Exemplum XX: "Le Renard et le loup dans le puits." One day
while plowing, a farmer becomes angry with his oxen and loudly
informs them that he is going to give them to Ysengrin the wolf.
Having overheard this, the wolf later appears to claim them. The
farmer refuses and they agree to accept the decision of Renart. After
hearing the complaint, Renart tells the farmer that he will assist
him provided that he give him two hens. Then he tells the wolf
that, if he will drop his claim against the peasant, he will be given
a marvellous cheese; the wolf says that he loves cheese and consents.
The fox and the wolf depart to get the cheese. When the moon is
high, they reach a well at the bottom of which, says the fox, is to
be found the cheese. The wolf insists that the fox descend to get it.
The latter, having descended by means of a bucket attached to a rope
and pulley, complains that the cheese is too heavy for him to lift
alone. The wolf descends in the other bucket, learning that he has
been tricked as he passes the fox midway in the well and finds but
the reflection of the moon in the water. Renart then departs leav-
ing the wolf trapped at the bottom of the well (3465-3710).

The son agrees that the wolf was very foolish to abandon a
sure possession for something he coveted more (3711-3716).

Exemplum XXI: "Le Rayon de lune." The father admonishes his son to never take the advice of one whom he does not know to be a loyal and faithful friend (3717-3724). A gentleman seeing a thief who is about to rob his house, tells his wife to ask him in a loud voice how he acquired his money. She does so and he answers that he had formerly been a thief and that he knew a magic formula which would cause a moonbeam to descend upon which he would climb into the house. They pretend to go to sleep. The thief, having heard their conversation, tries the formula and falls into the house, breaking his arms and legs. When challenged by the master, he laments having taken him at his word and thusly being tricked (3725-3844).

The thief, says the father, was indeed foolish to believe the man. Then he admonishes his son not to approach a king who does not heed reason, though he be fearless as a lion. He adds that the king who treats his subjects well although he be a sinner himself will be given assistance by God in ruling his people (3845-3868).

Exemplum XXII: "Dépenses et revenus." A king gives the direction of his affairs over to one of his ministers whose brother, hearing of this, comes to visit him. Learning of the visit, the king suggests that the two brothers manage the kingdom together. The visiting brother asks how much the king spends and is told that he spends no more than his revenue. Hearing this, the brother says that he will not remain in such a court, for if some emergency requiring funds should develop, the king would certainly not hesitate to seize his possessions (3869-3958).

The son asks how he must conduct himself in order to be respected by the king. The father admonishes him never to sit or speak in the king's presence until told to do so, to listen attentively to him so that he will never have to repeat himself and always to obey him. Finally, he says, avoid the company of those who speak against the king (3959-4031). The son asks how he should eat when in the presence of the king. The father says he should always eat as if he were in the presence of a king and gives a lesson to his son on table manners (4031-4089). The son asks what invitations he should accept. He is told that an invitation from a gentleman or a man of position should be accepted, but that one coming from a lowly individual might be dealt with otherwise. The son asks how much he should eat when a guest at someone's table. His father says that he should always eat much, for, if his host is a friend, he will be pleased, but if he be an enemy, he will be annoyed (4090-4157).

Exemplum XXIII: "Maymond le parresseux." A lazy servant leaves the door open at night so as to avoid the trouble of opening it in the morning, feels the dog's coat to see if it is raining outside and feels the cat to see if there is a fire in the fireplace. One day the master returns from the city and is greeted by his servant who informs him that his dog is dead. "And how did it die?", asks the master. The servant replies that it was trampled by the mule which broke its halter and fell to its death in the well. When the master asks how this happened, the servant replies that the mule was frightened by the noise made by the master's son falling from upstairs and breaking his neck. The master's wife, seeing her son, also died. When the master wants to know who is minding the house, he is told that it has burned to the ground because a servant girl forgot a candle which she had lit. The master goes sadly to the house of a neighbor who tells him that he should not grieve for the loss of earthly possesssions but that he should trust that Fortune will do him a good turn later (4158-4280).

The father and son discuss the instability of life and the futility of hoarding more of a thing than one needs and the wisdom in acquiring enough of a thing so that one might never be forced to beg (4281-4326).

Exemplum XXIV: "Le Voleur dans l'embarras." The father tells a story of a thief who, while robbing a house, is unable to decide what he wants to take from a rather large selection. He delays so long that he is caught and arrested (4327-4354).

The son asks if man should love anyone more than his children. His father answers that he should love his parents more and adds that he is a fool who impoverishes himself for his son or for his daughter (4355-4362).

Exemplum XXV: [Lacking in *Disciplina Clericalis*]. A man gives all of his possessions to his two daughters when they marry, save his house and a few possessions. When he becomes old, he and a young boy who assists him with his daily needs go to live with the eldest of his two daughters. This daughter soon complains to her husband about the cost of maintaining these two men who serve no valid purpose. The old man then goes to live in the house of his other daughter, but he finds no better welcome there. He laments his foolish generosity and says that a child's love for his parents is never equal to the parents' love for him. He prepares a large trunk with heavy locks into which he places a mallet and a letter. Several days later he sends a container over to his daughter asking that it be filled with wheat. Some coins which he has placed in it fall out and this causes the daughters to believe that he still has some money. Fearing the loss of an inheritance, they welcome their father back and pamper him for the rest of his days. After his death, they open the trunk and find the mallet and letter. They send for a priest who can read the letter and thereby learn that he who must go out and beg his livelihood because he has impoverished himself for the benefit of his children is a fool and that he should be bound and beaten over the head with a mallet (4363-4655).

The son admires the old man's solution and agrees that one can indeed love his children too much (4656-4663).

F. Language of the Text

The dialect of the manuscript is basically Francian, but there are present in it a number of Anglo-Norman characteristics. Some of the more outstanding phonological, morphological and orthographical characteristics of the manuscript are indicated in the following citations.

Phonology:

Accented vowels:

Free oral *a* normally > *e*, but *ei* occurs: *pere* (675): *freire* (3903).
Free close *e* > *ei* and stays: *aveir* (1); *tei* (216), *beivre* (2029).
Open *e* plus epenthetic yod > *i* or *ie*: *lit* (1304), *piz* (3434); *deliet* (1186), *liet* (1185).
Free oral, open *e* > *ie* or *e*: *pierre* (2104); *arrere* (8).
Free oral, close *o* > *o*: *dolor* (1825), *graignor* (213), *henor* (1).
Free nasal, close *o* > *ue* or *oe*: *huem* (3014), *suen* (229); *boen* (41).
Free open *o* plus a palatal has an unusual development in the word *lŏcum*: *lieu* (2362), *leu* (2327), *liu* (314).

Unaccented vowels:

Initial unaccented *a* remains in *aage* (1810), but becomes *e* in *eé* (2242).

Initial unaccented *o* sometimes > *e*: *henor* (1), *quenoisseit* (2412).

Single consonants:

l plus a consonant resists vocalization: *salvegarde* (2898), *malvés* (2890), but *sauvement* (2251) and *mout* (2725) do occur. This *l* disappears in *copes* (< cŭlpas) (2640) and in *miedre* (3385).

g plus *a* > *j*: *menjassent* (4121).

Consonantal clusters:

Intervocalic *cr* > *gr* in *segrei* (2327).

Orthography:

ai usually remains: *raison* (1094), *faire* (80); but is frequently rendered as *e*: *meson* (293), *fere* (75).

Initial unaccented *a* plus a nasal shows variation: *mengier* (4033) and *maingier* (4038).

A nasal before *b* may be spelled *n*: *senbla* (2978), *conbien* (2953), *enblé* (2166); but it is usually spelled *m*: *ensemble* (154).

The spelling of close *o* before a nasal varies: *sunt* (129, 2471) with *font* (136) and *ont* (2472).

Final *us* is sometimes spelled *x*: *Dex* (136), *entr'ex* (3034): but *eus* (3081).

ai and ei (< *a/e* plus a nasal) are equally divided in use: *plains* (2589), *fonteines* (3314), *eime* (1710).

nti̯ > *nç*: *chançon* (1070).

Initial *qu* remains before *i* in its original function [ku̯]: *quide* (1211), *quiz* (3039); but *cuit* (3043) occurs.

Prosthetic *e* normally occurs, but *stranges* (3123) is found.

Apocopy occurs in *enor* (35), but *henor* (3) is normally found.

Morphology:

The two-case system is generally maintained throughout, but there are cases where it is violated: *li rei* (730).

The first person singular of the present indicative infrequently ends in *c*: *tienc* (286).

The final *s* of the first person plural is always lacking: *puisson* (2750), *feron* (2772).

The first person future indicative frequently ends in *é*: *celeré* (481), *perdré* (931); but *ai* does occur: *dirai* (251).

The first person singular subject pronoun occurs both as *je* (563) and *ge* (234), but the former is the more frequent usage.

The uses of *donc* and *dont* are constantly confused in the manuscript. *Dom* is also found representing the use of *dont* in Modern French.

G. Preparation of the Text

The present edition is based exclusively upon a microfilm of the British Museum MS. Additional 10,289 (ff. 133-172), other manuscripts being essentially different adaptations. The choice of this manuscript from among several considered was due to the fact that it was the most complete adaptation, retaining more of the exempla and didactic material found in the *Disciplina Clericalis* than did the others. For the sake of completeness, we have included in Appendix B four exempla taken from British Museum MS. Harley 527 which do not appear in the base manuscript; we have furnished in the "Notes" significant material from the *Disciplina* which did not appear in either version.

We have supplied punctuation, distinguished between *i* and *j*, *u* and *v*, and have expanded all abbreviations. We have made divisions between the exempla and the didactic portions which follow each of them by means of a triple space. Each exemplum has been given a numerical heading whereas such divisions were usually indicated in the manuscript simply by means of a line beginning with an illuminated capital.

LE CHASTOIEMENT D'UN PERE A SON FILS

133a Qui veut henor en siecle aveir
Premereinement deit saveir
Que ne puet a henor venir
Qui ne se veut a bien tenir.
Et a bien coment se tendra   5
Qui bien ne mal nen entendra,
Ne ne saura en quel maniere
Il se deit del mal trere arrere;
Quer qui le bien veut herbergier
Del mal doit son ostel voidier,   10
Quer guerre a entre mal et bien
Si forte que por nule rien
A un acort ne se tendroient
Ne ne s'entreconsentiroient.
Autresi est le bien malmis   15
Qui est par desus le mal mis,
Comme cil son buen vin malmet
Qui en malvais vesel le met.
Qui por Deu a ce se veut metre,
Qui bien veut faire et mal demetre,   20
Cil puet doubles henors conquerre,
L'une el ciel et l'autre sor terre.
Nequeden grief chose me semble
Que nul les puisse aveir ensemble;
133b Et quant ge i pense, si vei bien   25
Que ce ne puet estre por rien
Que ambedous les puisse aveir
Qui ne conquiert par grant saveir.

Quer ja qui grant bien ne saura
Parfetement henor n'aura.   30
Sens est d'enor commencement,
Sens est de tot bien fondement,
Sens a d'enor la seignorie,
Sens l'a del tot en sa ballie.
Et qui enor veut porchacier   35
Par grant sens li covient tracier;
Li sens le metra en la trace
Et merra tot dreit a la place.
Quer sachez que s'il se desveie
Que nus fors sens n'i seit la veie,   40
Mout se fet a sens boen aerdre,
Quer cel ne puet l'en onques perdre.
Grant aveir et bel heritage,
Fame et enfant, tot son lignage,
Ce pert l'en mout delivrement;   45
Mes del sens vait tot autrement:
O home vait, o home vient,
Au bien, au mal, o lui se tient,
Ja tant com li hom iert en vie
Ne li faudra de compaignie,   50
D'orguel le purge et d'avarice.
Qu'iroie acontant chescun vice?
El siecle le tient pur et net
Et a la fin o Deu le met,
133c   Quer qui sens a, si est montez   55
A totes les autres bontez.
Por ce que je vei et sei bien
Que avant sens ne passe rien,
Voil Pierres Aufors translater;
Et si me puis d'itant vanter   60
Que si Dex me veut maintenir
Tant qu'a chief en puisse venir
Et del latin le romanz traire,
Nen est nul qui plus deie plaire.
Quer Aufors qui le livre fist   65
De noz bons anceisors le prist
Qui el grant sens se delitoent

Ne rien fors sens ne covetoent.
Por ce que plus s'i delitast
Qu'il li sist ou qu'il li costast,   70
I mist deduiz et bels fableaux
De gens, de bestes et d'oiseaux.
Mes sachez qu'il n'i a deduit
Qui ne seit chargié de boen fruit.
Ne veil plus lonc prologue fere,   75
Au livre espondre me voil traire.
Et Dex m'otroit que si m'i prenge
Que nus en mal ne m'en reprenge,
Et que a Deu en puisse plaire
Et je et cil quil me fet faire.   80
Pierres Aufors qui fist le livre
Mostra qu'il deveit sens escrivre,
133d   Quer Dieu tot avant mercia,
Quant il son livre comença,
Del bien et de l'entendement   85
Que il a doné a sa gent.
Aprés mostra dom tracereit
Porquoi et coment le fereit,
Puis fist envers Deus s'oreison
Si comme esteit dreit et reison ;   90
Quant il out finé sa preiere
Si comença en tel maniere.

Un saives hom jadis estoit
Qui a son filz soven disoit,
"La crieme Dieu et la justise   95
Seit, bels filz, ta marchaandise ;
Si saches que por gaagnier
Ne t'estuet en el travellier."
Uns autres redit ensement
Que qui Deu crient veraement   100
De totes choses est cremuz,
Ne ne puet estre confunduz.
Et qui nel crient, ce l'en avient
Que totes choses dotent et crient ;
Et quil crient, si l'aime et chierist,   105

Et qui l'aime, a lui obeïst.
Uns autres dit a son enfant:
"Filz, de Deu amer faiz semblant,
Mes ce n'est pas chose creable
Quant n'ies vers lui obeïssable;   110
Quer cil qui est verai amant
Sanz feinte est obeïsant."

134a Et Socrates sovent diseit
A ses clers quant il lor liseit:
"Ne seiez pas obeïssant   115
A Deu ensemble et estrivant."
Et cil dient, "mestre coment?
De ce n'entendon nos neient."
"Laissiez ester ypocrisie
Se mener volez nete vie;   120
Ypocrite est qui fet semblant
Qu'il est vers Deu obeïssant
Tant comme il est devant la gent,
Mes par detrés n'en fet neient."
Un autre i a qui et devant   125
Et deriere est obeïssant
Por ce qu'il veut estre loëz
De totes genz et henorez.
Et uns autres encore sunt
Qui junes et aumosnes funt,   130
Et parmagnent en oreison
Et quant l'en les veit et quant non;
Et se l'en demandant lor vait,
Se le bien firent qu'il ont fait,
N'en dient oal ne nenil   135
Mes, "Dex le set seignors," font il.
Si font por sol tant que l'en die
Qu'il meinent honeste vie,
Ne ne se vont glorefiant
Del bien que il font ne vantant.   140
Poi sunt orendreit gent en vie
Qui soient net d'ipocrisie,
134b Mes qui a ceste se tendreit
Et des autres se gardereit

Si porreit venir a pardon. 145
Seignors, par buene entencion,
Faites le bien que vos fereiz
Et boen loier en recevreiz
Que Dex el ciel vos en rendra;
Et li soen loier mielz vaudra 150
Que ne fet le los de la gent
Qui est alez en un moment.
Li los de cest siecle poi vaut
Qui ensemble comence et faut;
Tel los deit l'en querre et quellir 155
Qui unques ne puisse fallir
Et que toz cels sachent qui sunt
Et qui furent et qui seront.
Dex nos dont icel los conquerre
Que le ciel gouverne et la terre. 160
Qui o Deu se veut bien tenir
N'est rien qui li puisse noisir,
Qui fermement s'i prent et tient,
Tote prosperité li vient;
Seür aut et seür revienge, 165
N'ait por qu'il li mesavienge.
Un saives hom dist a son filz,
"Filz, esgarde com li formiz
Porchace son vivre en esté
Que en hiver en a plenté. 170
Soies sages et garnis tei
134c Si come li formiz garnist sei,
Qu'il ne t'avienge autresi
Com au crequet qui au formi
Par besoing en hyver ala, 175
Et de son blé li demanda.
Dist le formiz, 'ce est abet.
Or me dites, Sire Crequet,
Dont vos serviez en esté
Quant je porchaceie le blé.' 180
Ce dist le crequet, 'je chantoue
Sor ma fosse et me delitoue,
N'avoie garde ne porpens

Que jamés fausist cel bel tens.'
'Sire Crequet,' dist li formiz,   185
'Vos entendiez as deduiz,
Au chanter, a l'esbaneier;
Et je au forment porchacier
Dont je vivrai or ça dedenz,
Es voz en aureiz fain as denz.   190
Gart or chescun ce qu'il a,
Bien sai que qui me loëra
Que me desgarnisse por vos
N'est pas de mon bien gelos.'"
Encor dist le pere a son filz: 195
"Ne seies pas, filz, endormiz;
Veiz del coc qui au matin veille,
Et tu dorz, donc ce n'est mervelle
Que de rien ce puet sormonter;
Mout par te devreies pener   200
De lui ensuirre et sa proëce.
134d Quant dis milliers tient en destrece
Et totes les puet justifier,
Bien en deiz une chastier."
"Filz, tu entenz et mal et bien,   205
Por Deu garde tei que un chien
Ne seit de cuer plus franc de tei,
Plus gentil et de mellor fei.
Li chien aime qui bien li fait,
Joïst le et entor vait;   210
Mout te sera grant avilance
Se de mellor requenoissance
Est chien et graignier franchise
A qui li fet bien et servise
Que tu. Quer puis n'auras tu lei   215
Que uns chien vaudra mielz de tei.
Filz, une autre chose te di:
Trop est aveir un anemi.
E si te redi ge por veir
Que qui dous amis puet aveir,   220
Ne li deit pas petit senbler,
Quer mout sont fort a asenbler.

Ne trop senbler ne li devreit
Qui mil aüner en porreit,
Mes ne qui pas que onques fust   225
Home en cent siecles qui les eüst."

I

Un saives hom jadis estoit,
Quant il sout que finer deveit,
Un suen filz a sei apela,
Si li enquist et demanda :   230
"Filz, di mei quanz amis
135a   Tu as en ta vie conquis."
Et cil respond, "mien escient,
En ai ge conquis tres cent."
"Mout l'as," dist li pere, "bien fait,   235
Mes je qui que autrement vait ;
Ja mar ton ami loëras,
De si que esprové l'auras.
Mont fui or anceis de tei nez,
Et si me sui toz tens penez   240
D'amis aquerre et porchacier.
Onques ne poi tant esploitier
Por rien que je fere seüsse
Que un ami aveir peüsse ;
Tant fis, nequeden, tant ovrai   245
Que demi un en porchaçai,
Quere ce ne poi ge espleitier
Que jel peüsse aveir entier.
Et tu, belz filz, confaitement
En as tu tost porchacié cent?   250
Fai or ce que je te dirai,
Esprove se il sont verai.
Pren un ucel ou autre beste,
Si li trenche orendreit la teste ;
Puis aies un sac apresté   255
Qui seit de sanc ensanglenté
De la beste qui enz iert mise

Et appareillié en tel guise
Com se ce estoit home ocis
Que tu eüsses dedenz mis. 260
A tes amis le porteras,
Et a chescun par sei diras
135b Que un home en murdre as ocis,
Si es malement entrepris
Quer tu ne l'as ou enfoïr, 265
Ne tu ne l'oses regehir,
Quer nul home qui seit sor terre
Fors lui n'en oses tu requerre.
Mais il t'en puet mout bien aidier
Sanz ce que l'en sorde encombrier, 270
Quer ja plustot n'en ert esquis
Ne sa maison, ne sen porpris.
Et se aucun te veut oïr
Et tei et ton mort requellir,
En celui puez aveir fiance 275
Quer ton ami ert sanz dotance ;
Et ne deiz ami apeler
Qui ne te voudra receter."
Li filz eissi s'aparella
Com li peres li enseigna, 280
Le sac o tot la beste prist
Ses amis uns et uns requist.
Li primiers qui parler l'oï
Li dist, "sempres, fuiez d'ici,
Bien le sac sor vostre col, 285
Por bricon vos tienc et por fol
Qui tel chose me requerez,
Ne veil estre deseritez.
Pris ne raient por vostre atrait.
Si com voz avez le mal fait, 290
Si seit la peine tote vostre.
Par Saint André, le boen apostre,
Ja en ma meson n'entrereiz,
135c Ne vostre mort n'i enforrez."
N'i out onques un sol des cent 295
Qui ne li deïst ensement.

Quant il les out toz essaiez,
Si est arrere repairiez,
A son pere dist que falli
Li esteient tuit si ami.   300
Dist li pere, "or as tu apris
Ce que tu as oï tozdis,
Quer au besoing veier puet l'en
Qui son ami est et qui non.
Or va a mon demi ami,   305
Si l'esprove tot autresi,
Si sauron que il redira
Et combien il nos amera."
Et cil si fist de maintenant
Tot autresi comme devant;   310
Out as autres l'ovre mostree,
L'a a cestui dite et contee.
Et cil respont, "beaus doz amis,
N'a liu en trestot mon porpris
Ne en ma meson si privé   315
Ou vostre mort fust bien celé.
Nequeden je vos aiderai
Au mielz que aidier vos porrai."
Donc est en sa meson entrez,
Toz les autres en a getez,   320
Bien a fermee la meson
Sor sei et sor son compaignon.
Puis prist un fossor por foïr
La ou le mort vout enfoïr.
135d Quant cil vit qu'atant en esteit   325
Que le mort enfoïr voleit,
Del tot li dist la verité,
Coment il aveit esprové.
Puis prist congié, si s'en ala,
Et a son pere le conta.   330

"Filz," dist li pere, "ami n'est mie
Qui a ton besoing ne t'aïe."
"Pere," dist li fiz, "savez vos
Home el siecle si euros

Qui ait conquis veraement   335
Un ami enterinement?"
"Certes, bel filz, unques nel vi,
Nequeden parler en oï
D'un qui a mort se vout livrer
Por un soen ami delivrer."   340
"Pere, quer me dites comment."
"Je volentiers, or i entent."

II

Dui marcheant jadis esteient
Qui granment loing a loing maneient;
Li uns en Baldach sejournout,   345
L'autre en Egite conversout.
Par sol cels s'entrequenoissent
Qui aloent et qui veneent,
Et mandout chescun son talent,
Ne s'erent veüz autrement;   350
Mes cil qui en Baldach maneit
Se porpensa que il ireit
En marchaandise en Egipte,
La ou cel soen ami habite.
336a Com il ainz pout, vint el païs,   355
Quant ce oït cil suens amis
Que il veneit, encontre ala,
Et richement le herberja.
Mout se pena de lui servir
Et a faire tot son plaisir,   360
Li mist le suen tot a bandon.
Fames aveit en sa meson,
Filles, nieces et chamberieres,
Et autres que il teneit chieres.
Devant lui les feseit baler   365
Et harpes et tabors soner,
Uit jorz le tint a tel sejor
Et quant il vint al nomé jor
Et qu'il s'en cuida reparier,

Si li sorst un grant encombrier 370
Quer malades est acochiez.
Sis amis qui en fu deshaitiez
Manda mires ou qu'il les sout;
Mout en vint mes nul n'en n'i ot
Qui par reison veer peüst 375
Que il mal ne dolor eüst.
S'urine sovent esgardoent,
Au pous et as veines tastoent,
Com il plus s'en entremeteient
Et il mains de son mal saveient 380
Et quant il ont tot encherchié,
Si se sont bien avesdié
Quant n'i trovent mal ne dolor
Que ce ert passion d'amor.
Donc li vint devant sis amis 385
Demandé li a et enquis
Se fame aveit en sa meson
Qui de son mal fust acheson.
"Sire," dist il, "fetes mei tant
Que vos les m'ameingiez devant, 390
Et se celie i puis veier,
Sempres le vos ferai saveier."
Cil li ameine tot avant
Ses chamberieres de devant,
Quant cil a chescune esgardee 395
Nule de les ne li agree.
Cil ses filles li amena
Et cil totes les refusa.
Li sire une meschine aveit
Que il gardout et noriseit; 400
Por ce la feseit bien garder
Que il la deveit esposer.
Cele devant li amena,
Quant cil la vit, si sospira
Et dist, "iceste a la ballie 405
Ou de ma mort ou de ma vie."
Quant li sires a entendu
Que li enfers a respondu.

Que por celie ert si soupris,
"Avoi," dist il, "beaus douz amis,   410
Ce sereit et pechié et tort
Que por lie receüssez mort.
Tenez, je vos en faz le don,
Demain la vos esposeron.
Au mien oes la voudreie aveir,   415
Et saisiz ere de l'aveir

136c Que ses amis lors me donerent
Quant la meschine me fermerent.
La fame et l'aveir recevreiz,
Et onquor plus, quer vos aurez   420
Quant que apareillié aveie
Que en doaire li donroie."
"Sire," dist cil, "moutes merciz,
Se issi est, donc sui ge gariz."
"Eissi," dist li prodom, "sera."   425
Li malades s'aseüra.
Lendemain ala au mostier,
La meschine prist a mollier,
Et l'aveir out et le douaire;
Et quant bien out fet son afaire,   430
Reperez est en son païs
O ce que il aveit conquis.
Aprés avint que nule rien
Ne remest a l'Egiptien,
De grant povreté fu destreit   435
Et perdit quanque il aveit.
Quant il vit que il n'out que prendre,
Ne que engagier, ne que vendre,
Mout fu dolenz, ne sout que faire,
Quer ne pout grant mesaise traire   440
Com cil qui ne l'aveit a us,
Et honte out d'aler par les us; `
Meïsment en son païs
Ne vout estre apelé mendis.
Le besoing le fist porpenser   445
Que en Baldach deüst aler,
La ou cil suens amis esteit,

Saveir se pitié en aureit.
Nuz et famellos et despris,
S'est un jor a la veie mis;   450
A Baudas vint, tant a esré,
Mais honte out et povreté
Qu'il n'osa pas aler tot dreit
La ou cil son ami maneit.
Et ensorquetot vespre esteit   455
Por ce se dotout et cremeit
O ce qu'il n'ert pas bien vestuz
Que il ne fust desconeüz
Entré s'en est en un mostier
Ou la nuit voleit herbergier.   460
Quant il fu enz, es vos venant
Dous vasals forment estrivant;
Devant l'iglise s'aresterent,
Manecierent et estriverent,
Aprés se sont au ferir pris   465
Tant que l'un d'els a l'autre ocis.
Cil fui qui l'autre ocis out,
Onques home ne fame nel sout.
Li premiers qui le mort trova
Toz les citeïens apela   470
Le premier tor fu au mostier
Por veir et por encherchier
Se por garant, si fust cil trait
Qui cel homicide aveit fait.
L'Egyptien i ont trové   475
Enquis li ont et demandé
Qui il ert et de quel païs
Et se cel home aveit ocis.
137a "Seignors," dist il, "qui que je seie,
La mesaventure en est meie.   480
Nel celeré pas, je l'ocis,
Faites de mei tot vostre avis."
Por cel dist que morir voleit
Por la honte que il aveit
De ce que si ert avenuz   485
Que famellos estoit et nuz.

Si n'en saveit nul recovrier
Et honte aveit de mendier.
Cil le prenent, si l'ont lié,
Puis ont esgardé et jugié   490
Que pendu sereit meintenant,
Quer n'aveit cure que garant
Li fust l'iglise ou il esteit.
Merveillos puple i acoreit
Quant l'en a pendre le menout.   495
Entre les autres genz s'estout
Sis amis; quant il l'esgarda,
Arestut sei, si l'avisa.
Bien aperçut que ce esteit
Cil d'Egipte qui li aveit   500
Tel henor fet et tel servise.
"Ahï," dist il, "en quel guise
Me contendrai? Que dei ge faire?
Des forches nel puis je retraire,
Et puis que il sera penduz,   505
Ne li ert guerredon renduz
De l'enor ne deu bel servise
Que il me fist par sa franchise.
Ne jamés leece n'auree
Se guerredon ne l'en rendeie,   510
137b Ne guerredon ne l'en puis rendre
Se ge ne me faz por lui pendre;
Mes cest iert buen, cest l'en rendrai,
Son cors por le mien raiendrai
Le mien lairai a honte aler   515
Por le soen garir et tenser."
Donc s'est oiant toz escriez:
"Seignors," dist il, "grant tort avez,
Cel home laidissiez a tort.
Unques par lui ne reçut mort   520
Hom el siecle, ce vos plevis.
Ce fui ge qui cel home ocis
Por qui vos le menez a pendre,
Lui devez leissier et mei prendre,"
Quant li prevost a ce oï,   525

Gete les poinz, si l'a saisi,
Estreitement l'a fet lier,
Puis a fet l'autre deslier.
Cil qui l'omicide fet out
Entre les autres genz alout, 530
Et out oï que cil diseient
Que l'omicide fet aveient
Sanz ce que nul d'els l'eüst fait.
"Et Dex," dist il, "ce coment vait
Or sera ja cist hom ocis 535
Por l'omicide que ge fis.
Por mon pechié destruit sera
Sanz ce que il copes n'i a.
Ceste chose vait malement
Selonc le leal jugement, 540
Ne deüst hom perdre la vie
Fors je qui fis la felonnie,
137c Quer cil qui sol est a mal faire,
Sols deit estre a la peine traire.
Ici vait or tout autrement, 545
Mes Dex qui ce veit et consent
Set bien comment la chose vait;
Puet cel estre por ce le fait
Que de mei veut plus asprement
Autre feiz prendre vengement? 550
Quer il est juge dreiturier,
Si rent a chescun son loier
Selonc ce qu'il a deservi.
Ne me metra pas en obli,
Mielz est que si redevancisse 555
Et que oiant toz regehisse
Que ceste felonnie fis
Por quei cist hom deit estre ocis,
Que je atende que plus griement
Prenge Dex de mei vengement." 560
Donc s'est oiant toz escriez:
"Mei, mei," dist il, "seignors prenez!
Quer je l'ocis veraement,
Onques n'en sout aveiement

Cil qui vos a pendre menez,   565
Clamez le quite et mei pendez."
Cil qui tuit furent esbahi
Getent les poinz, si l'ont saisi.
Estreitement l'ont fer lier
Puis ont fet l'autre deslier.   570
Merveillent sei estrangement
Et dotant, vont del jugement.
Quant ne se puent acorder,
Au rei vont la chose mostrer.

137d   Li reis dota del jugement,   575
Mes par le conseil de sa gent
Lor dist que tot lor pardorreit,
Que ja nul d'els mal n'i aureit
Si li diseient verité
Coment il aveient ovré.   580
Cil d'Egypte li a conté
Que por finer sa povreté
Dist que cel home aveit ocis.
Aprés reconta sis amis
Com il se vout a mort livrer   585
Por cel soen ami delivrer.
Li tierz la verité li dist
Comfaitement l'ome ocist
Et le regehi por poor
Que paine n'en eüst graignor   590
Se cil en fust por lui pendu
Que coupes n'i aveit eü.
Li reis lor a tot pardoné
Et mout a chescuns d'els loé;
Congié lor done, si s'en vont.   595
Li dui ami grant joie font,
Cil de Baldach mout s'esjoï
De la venue son ami,
Mout le servi et henora
Et par tot li abandona,   600
Et sei et quanque il aveit
Se sejourner o lui voleit.
Se le sejor ne li pleseit

Son chatel li mi partireit,
Par feit et par bone amistié   605
En portast o sei la meitié.

138a   Cil fu commeüz et espris
De la douceur de son païs,
O tot l'aveir joios et liez
Est en Egypte repairiez.   610

Dist li filz, "or ai bien oï
Que jamés hom n'aura ami;
En noz tens par sereit ce fable
De trover ami convenable."
"Fil, por ce n'est pas cil bien sage   615
Qui mostre a home son corage
Ne descovre sa povreté
De si que il l'ait esprové.
Quer tel troveras qui feindra
Que sor tote rien t'amera,   620
Et s'ira frotant entor tei
Tant que il sache ton segrei.
Et quant tot aura encherchié
Por ce que senblant d'amistié
T'aura mostré por traïson   625
Et il t'aura pris al breion,
Don a primes te honira
Quer ton segrei descovrera,
Et mout se panera de faire
Por quei il te puisse a mal traire   630
Et tot aiesiez en sera
Par ton segrei que il saura.
Ne sai pestilence nommer
Que l'en doie tant redoter
Com familier anemi.   635
Mil homme en sont mort et honi.

138b   Aies bien prové a feiel
Celui qui tu diz ton conseil.
Mieuz le te vient tozdis celer
Que a mauveis home mostrer;   640
Tant comme tu le celeras

En ta prison enclos l'auras,
Et des que autre le saura
En la soe prison t'aura.
Bel filz, ce rest mout grant folie;   645
Que nus hom prenge compaignie
O soen enemi que il puisse
Ne que autre compaignon truisse.
Quer tot le mal que il fera
Son anemi le notera,   650
Nel metra nient obli
Del bien n'ira pas autresi.
Quer a son poer le perera
Et partot l'anientera;
Et sachiez que mout mesavient   655
A home quant il li covient
Son anemi de rien proier;
N'est rien plus le doie ennoier.
Chier filz, ne t'acompaignier mie
A home de malvese vie,   660
Mesmement o lecheor
Quer n'i aureies la henor.
Se il te blasme, ne te chaut,
Quer son blasme grant los te vaut

138c   Et son los si t'est desenor.   665
Tele esta la lei au lecheor-
Qui il loe, si est blasmez,
Qui il blasme, si est loez.
Filz, ne te fere pas mout lié
Se foul te quelt en amistié,   670
Quer se il t'a bien aamé
Ce n'est ne fieu ne herité.
Hui tant bien, demain te harra
Por tant que gueres ne vaudra."
"Pere," dist li fiz, "dites mei   675
En quels sens contenir me dei
Que je soie sage apelez
Et entre les sages nombrez."
"Filz, volentiers," ce dist li peres,
"Ne seies nient trop jamglerres,   680

Quer taire sei est mout grant sens
De si que de parler seit tens.
Signe de folie est jangler,
Et de sens reelment paller.
Qui rien te voudra demander 685
Garde que trop ne te haster
De respondre, mes tant atent
Que il ait tot dit son talent.
138d Aprés li respon ton plaisir
Tot par sens et tot par leisir. 690
Se tu oz faire question
En plai ou en desputeison,
Ne soies pas trop prinsautier
De sallir avant por jugier
Se plus sage de tei i a, 695
Mes oies ainz que il dira ;
Se bien dit, sil deiz escouter,
Si non, si puez amender.
Si te recovient mout gaitier
De chose por veir afichier 700
Don tu ne seiz la verité,
Quer maint en ont esté gabé.
Se tu oz verité conter
Ne la deiz nient destorber,
Ainceis deiz volentiers aidier 705
A la verité essaucier.
Se tot ce fez o boen corage,
Si en seras tenu por sage.
Filz, d'aprendre tei deiz pener
Por honte seveals eschiver ; 710
Fous est que d'aprendre est hontos,
Quer mout sera plus vergondos
Quant l'en de sens la parlera
Et il respondre n'en saura.
Et se il est de haut lignage 715
Tant le covient estre plus sage,
Quer qui de bones genz est nez
Et malement est doctrinez,
139a Tant puet il aveir graignor honte ;

Mes cil qui ses parenz sormonte,   720
De quel lignage que il seit,
Icil seit de Dieu beneit,
Quer iceli deit l'en preisier
Et henorer et tenir chier.
Nule franchise ne me plaist   725
Fors sol cele qui deu cuer naist."

III

Uns versefierres esteit
Qui boen clers ert et mout saveit,
Ses vers a un rei presenta;
Li rei qui conut et nota   730
Son sens et son afaitement
Le reçut henorablement.
Li autre versefieor
Ourent envie de l'enor
Que li reis a cestui feseit   735
Qui de bas parenté esteit,
Et il erent mains henoré
Qui de haut lignage erent né.
Parler en alerent au rei:
"Chier sire," distrent il, "por quei   740
Preisiez tant cestui et amez
Qui de si basses genz est nez?"
"Seignors," dist li reis, "tort avez.
Or sachiez bien que vos loëz
Celui que vos cuidez blasmer."   745
Li clers les out oï parler,
139b   "Seignors," dist il, "estrange chose
Vos semblereit se une rose
Bele et chiere et soef olante
Naisseit d'une espine poignante?"   750
"En grant chierté sereit tenue
Et volentiers sereit veüe."
Li reis qui boenes genz amout
Le teneit chier et henorout,

Et quant il prist de lui congié, 755
Richement l'en li enveié.
Uns autres revint par aprés
Qui au rei presenta ses vers,
De gentil lignage nez,
Mais n'ert pas de sens si fondez. 760
Quant le reis out ses vers leüz
Mout les trova maigres et nuz,
Et lui et ses vers poi preisa,
Ne nule rien ne li dona.
Quant ce vit, ce mout fu dolenz, 765
"Sire," dist il, "por mes parenz
Seveals me devez henorer,
Et aucune chose doner.
Se vos mes vers tant despreisiez
Que por els rien ne me doinsiez, 770
Por mon lignage me donez,
Quer ge sui de bones gent nez."
Ce dist li reis, "ce est damage
Que tu es de gentil lignage,
La semence forligne en tei. 775
139c Va ta veie, fui devant mei.
Si tu es né de bones genz,
Tant puez tu estre plus dolenz
Que li pire es de ton lignage.
Ja a nul jor de mon aage 780
N'aras del mien vallant un tros."
Cil s'en ala maz et hontos.
Cum il fu de la sale issuz
Es vos le tierz qui est venuz,
De vilains ert estreit son pere 785
Mes gentil fame esteit sa mere.
Quant li reis out son brief leü,
"Ami," dist il, "qui filz es tu?"
Sa mere un frere clerc aveit
Qui prodons ert et mout saveit. 790
Quant cil dut son pere nommer,
Si commença a aconter
Que sis oncles ert clerc nobile,

Et li reis commença a rire.
Dom il riet li demanderent   795
Li autre qui ovec lui erent.
Ce dist li reis, "jel vos dirai,
Une fable jadis trovai
En un livre tot autresi
Comme je l'oï orendreit ci.   800
Quer il avint que d'un peril
Fu estors Ranart le gopil,
Et quant il en fu eschapez

139d Et s'en fuiet par uns prez,
Un mulet vit novelment né   805
Qui paisseit el milieu del pré.
'Ami,' dist il, 'qui filz es tu?'
Et li muls li a respondu:
'Sire, je sui Dieu criature.'
'Tu aies la bone aventure,'   810
Ce dist Ranart, 'sort tote rien,
Quer tu responz et bel et bien,
Mes sol itant me di, bel frere,
Se tu as ne pere ne mere.'
'Sire,' dist il, 'jel vos dirai   815
Se vos plest quels parenz je ai.
Mis oncles est uns boens chevax
De boen haraz et mout isneals.'
Onques Ranart ne pout tant faire
Que de denz li peüst el traire.   820
Tot autresi veit de cest conte,
Car si com li muls aveit honte
De quenoistre la verité
Que asne l'eüst engendré,
Por ce que beste est pereçose   825
Sor totes autres et hidose,
Tot autresi est cist hontos
De nommer son pere oiant nos.
Por ce que par sa mauvestié
N'est ne coneü ne preisié.   830
Or ait del nostre liément,
Quer il ne forligne nient,

Malvais est, mes il n'en puet mais
140a Quer sis lignages est malvais."

"Pere," dist li filz, "merveil mei   835
De plusors choses que je vei
Et de ceste mesmement,
Que je truis qu'ancienement
Soleit l'en preisier et amer
Et tenir chier et henorer   840
Les boens clers et la bone gent
Qui viveient honestement.
Or ne vei mes home preisier
S'il n'est lechierre ou losengier."
"Beal fiz, ne te merveillier mie   845
Quer aulivee est lecherie
Tant gramment que tuit li plusor
Par le monde sont lecheor.
Et tu seiz que entr'aprocier
Se suelent la gent d'un mestier,   850
Chescun prise et aime et se trait
Vers celui qui son mestier fait."
"Pere, il est verité provee
Que lecherie est mout montee.
J'ai veü clers de grant valor   855
Qui deveneient lecheor
Por ce que nule rien n'aveint,
Et qu'a si grant henor veneient
Maintenant par la lecherie
Qu'il maldiseient la clergie   860
Ou il s'esteient tant tenu."
"Fil, ce meïsmes ai ge veü,
Mes ce vient de la malvestié
140b Del tens qui mout est enperié;
Tuit se delitent en folie,   865
En mençonges, en lecherie.
Mençonge est plus douce que miel
A qui l'a usé, mes nul fiel
N'est si amer com el sera
Au chief del tor qui l'usera.   870

Beal fiz, ne la user tu mie
Quer pechié est et vilanie.
N'aies pas honte de veer
Chose que tu ne puez doner,
Quer mout est graignor corteisie   875
De dire 'je nel feré mie',
Que poser terme et trespasser,
Riens ne le puet plus aviler.
Filz, d'autre chose te chasti,
Que se tu veiz que deservi   880
Ait aucuns par sa felonnie
Qu'il seit destruit, ne metre mie
Trop grant entente a lui garir.
Tost t'en porreit mesavenir,
Quer griement, tel ore est, sentent   885
Cil qui home pendu despent."

IV

Uns homs par un bois trespassout
Et el chemin que il estout
Trova un serpent bien blecié
Que pastors i orent lié.   890
O broches cloufichiez esteit
Si que moveir ne se poeit;
140c Li boens homs quant il l'esguarda
Pitié en out, sil deslia.
Por eschaufer par bone fei   895
Le mist sor ses dras pres de sei.
Desque li serpenz eschaufa
De sa nature li menbra,
Tot environ a l'ome ceint
Et griement blecié et estreint.   900
"Avoi!" dist li hom, "tu as tort!
Ja t'ai ge garanti de mort
Et tu me veuz geter de vie."
"Ce fu," dist li serpent, "folie
Que de mei preïs nule cure,   905

Quer faire m'estuet ma nature."
"Mout faiz," dist li hom, "a reprendre,
Quer por granz biens me veuz mal rendre."
"Sovent," dist li serpent, "avient
Que de bien faire grant mal vient;   910
N'as tu oï que por bien fait
A l'en tele hore est le col frait?"
Com il vont issi estrivant
Es vos par le chemin errant
Misire Renart le gopil.   915
Li hom qui esteit el peril
Quant il le vit, si l'apela,
Et cele chose li mostra;
Por Dieu li pria humblement
Que il en feïst jugement.   920
Ce dist Renart, "je ne puis mie
140d Jugement faire par oïe,
O oilz m'estuet veier comment
La chose esteit premierement.
Sire serpent, l'ome lessiez,   925
Si sereiz derechief liez;
Don verrai comment vos esteit,
Puis en jugerai selonc dreit."
"Je l'otrei," ce dist le serpent,
"Quer bien sai que par jugement   930
Ne perdré je en nule place
Que je ma nature ne face."
Li huem derechief le lia
Tot issi com il le trova.
Quant lié l'out, si s'esloigna   935
Et li goupil li escria:
"Sire serpent, or vos levez
Et desliez se vos poez!
Et tu prodom, esta en pais,
Quer de lui deslier jamais   940
Ne prendras tu par mon los cure;
N'aveies tu liet l'escripture
Que bien deit chaer le torment
Sor celui qui pendu despent?"

Ce dist li fiz, "or ai apris   945
Dont mei sovendra mes tozdis."
"Filz, encore te chasti ge bien
Si tu es entrepris de rien
Que grammment te puisse grever,
Et tu t'en puisses delivrer   950
Legierement, ne te chaut mie
141a D'atendre plus legiere aïe,
Que par aventure en l'atent
Te sordreit tost plus brief entente."

V

Uns miens mestres me recontout   955
D'un clerc qui bien versefiout,
Qui ses vers a un rei bailla;
Et quant li reis les regarda
Mout li ploürent et si li dist
Que seürement requesist   960
Del suen ce que aveir en voudreit
Et il mout bonement l'aureit;
Et il le saveit atant sage
Que il ne requereit nul outrage.
"Sire," dist cil, "je vos requier   965
Que je soie un sol meis portier
D'une cité que vos avez;
Et par aprés me consentez
Que chascun qui i entrera,
Qui bochuz ou teignos sera   970
Ou lois ou rognos ou crevé,
Se il se met en la cité
Un denier me doint solement."
"Jel gré," dist li rei bonement.
Par son seel li conferma.   975
Li clers a la cité ala,
Dejoste la porte s'asist
Et tot le meis son mestier fist.
Estes vos un jor un boçuz

Qui s'est en la porte enbatuz, 980
141b D'une bone chape afublez
Si tost com il fu en entrez,
Demanda li clerc son denier
Et cil ne li vout pas baillier.
Le clerc le prist, si li leva 985
Le chaperon et avisa
Que il n'aveit que un sol oil.
"Or ai," dist il, "ce je voil,
Li deniers n'iert huimés sous,
Beaus amis, or m'en paiez dous. 990
Por un peüssiez eschaper,
Or vos en covient dous doner;
Quer chascun mehaing, ce sacheiz,
Que vos avez, aquitereiz."
Cil nel vout neient otreier, 995
Li clers le prist, sil vout lier.
Cil vout fuir, mes n'out par on
Quer cil le tint au chaperon
Que tant li escost et tira
Que tot le chief li esnua. 1000
Quant la teste fu descoverte
Si fu la tegne tote aperte.
Quant li clerc la teigne avisa,
Li tierz denier li demanda.
Quant cil vit qu'aler n'aureit, 1005
Ne que fuir ne s'en porreit,
Par force s'en cuida partir,
Et por le clerc qu'il vout ferir
Ses braz desoz sa chape osta.
Et quant li clerc les esgarda, 1010
141c "Amis," dist il, "or del combatre
Por les deniers, quer or sunt quatre;
Cez braz vei de rogne porpris
Por quei li quart denier ert pris."
Cil se defent, mes ne vaut rien 1015
Quer li clerc fu fort, sil tint bien.
La chape del col li osta
Et cil vers terre s'aclina,

Ne se pout tenir, si chaï,
Et li clerc garda, si choisi   1020
Que il ert malmis et crevez;
Donc a cinc deniers demandez,
N'i out nient d'eschaucerrer,
Toz cinc li covint a doner.
Mout se pout or feire dolent   1025
Qui peüst si legierement
Eschaper por un sol denier
Et puis l'en covint cinc paier.

"Filz, garde tei de tel folie,
Que sage fait qui se chastie,   1030
Et par l'autrui mal esgarder,
Se puet l'en bien del soen garder.
Beals filz, o gent de bone vie
Voil que tu prenges compaignie;
Mais sol devant cels ne passer   1035
Qui vie tu orras blasmer.
Car par le trespasser a l'on,
Tele hore est, aucune acheson,
Que l'en ne puet pas trestorner
141d   Qu'il ne se estuece arester;   1040
Et qui s'i areste et demore,
Merveille ert s'au partir n'en plore.

VI

Un mien mestre soleit conter
Que deus clers por euls deporter
Un vespre d'une vile eissirent,   1045
Et devant els un ostel virent
Ou tuit s'esteient assemblé
Li lecheor de la cité.
Iluec bevoient et chantoent
Et la minete jouent.   1050
Ce dist li un, "ne passon mie
Par devant ceste compagnie

Quer il ne sunt pas bone gent,
Et li saives homs le defent,
Quer sol passer ne deit l'en mie   1055
Par devant gent de male vie."
Dist li autres, "ja n'en periron
Del passer si plus n'i faison,
Outre poon nos bien passer,
Mais il n'i fet nul arester."   1060
Quant pres furent de la maison
Si oïrent une chançon
Que un des lecheors chantout,
Boen ton i out et mout li plout.
Li uns por oïr s'arresta,   1065
Et li autres outrepassa
Et apela son compaignon.
Mes tant li pleiseit la chançon
Que nule rien ne l'en sevrast
142a Tant comme la chançon durast.   1070
Por mielz oïr est enz entrez,
Et il fu si bel apelez
De totes parz qu'il s'arestut
Et ovec els s'asist et but.
N'i aveit pas longues esté   1075
Quant li prevost de la cité
I vint mout esfreement
Et amena o sei grant gent.
Un d'iceus lecheors quereit
De qui aperceü s'esteit,   1080
Et si li ert bien endité
Que il espiout la cité;
Par nuit la voleit alumer
Por aver heise de rober.
Quant cil en la maison entrerent   1085
Ovec les autres le troverent,
Getent les poinz, si l'ont saisi,
Et il lor a tot regehi
Et coneü la verité
Que ardre voleit la cité.   1090
Dist li prevost, "de ci torna

Et ça revient et reçeta,
Et tuit cist sunt si compaignon,
Por ce si est dreit et raison
Que tuit soient o lui dampné.   1095
Liez les, si seront mené
Tuit a pendre delivrement,
Ja n'i atendron jugement."
Cil firent son commandement;

142b   Liez les ont estreitement   1100
Les poinz liez, les oilz bendez,
Les ont dreit as forches menez.
Li clerc qui ovec els esteit
Qui nule rien forfet n'aveit
Oiant tot le puple criout,   1105
Quant l'en a pendre le menout,
Que a boen dreit le comperout
Qui o males genz s'arestut,
Et par dreit en perdeit la vie
Qui o eus perneit compaignie.   1110

Bel filz, cist n'aveit rien forfait
Si tu nequeden a mort trait
Par la mauvese compaignie
Ou il se joinst par sa folie.
Volentiers se doit l'en garder   1115
De tel compaignie acoster.
Si te redi por veir, bel filz,
Que delivrement est honiz
Qui a fame prent compaignie
Qui de maus engienz est garnie.   1120
Et ce sunt il a bien prof totes,
Honiz es se tu nes redotes.
Prie a Dieu que de lor art
Et de lor mal enging te gart,
Quer n'en puez estre defendu   1125
Se par lui non ce saces tu."
"Chier pere, mout ai grant talent
D'oïr de lor contenement,

142c   De lor ovres et de lor tors,

De lor engienz et de lor mors.   1130
Orreie volentiers parler
Por saveir mei de les garder;
Aucun fablel, aucune rien
M'en dites, si fereiz mout bien."
"Filz, plusors choses te contasse   1135
De lor engien se je osasse,
Mes je vei bien que tu veuz metre
Tot quanque je te di en letre.
Si orra tel par aventure
Mes paroles en t'escripture   1140
Qui tot a mal atornera
Ce que solement dit sera
Por home estruire et doctriner
Et por saveir sei meuz garder;
Si ira el, quer tel l'orra   1145
L'engien que l'autre fet aura
Qui mauvés essample i prendra
Et autretel ressaera."
"Pere, n'aiez de ce poor,
Jadis en ont traitié plusor   1150
Que onques n'en furent blasmé
Mes plus preisiez et plus amé.
En un proverbes que il fist
Neïs Salemon en escrit;
Dites m'en, se rien en savez,   1155
Ja de ce ne sereiz blasmez."
"Beal filz, quant autre ne puet estre,
142d Un poi te dirai de lor estre,
Comme il deceivent lor mariz
Et par lor fait et par lor diz.   1160

VII

Uns prodome ert qui aveit prise
Une de mal engien esprise.
Li prodome une vigne aveit
Ou mout grant entente meteit;

Mout l'alout sovent regarder   1165
Et proognier et atorner.
Come il i fu alé un jor,
Cele manda son lecheor,
Et cil vint quant el l'out mandé
Et fist d'ele sa volenté.   1170
Li prodons qui es chans esteit
Qui de tot ce mot ne saveit
S'en a cori grant aleüre,
Quer blecié l'out par aventure
Un raim en l'oil que la veüe   1175
Out d'icel oil tote perdue.
Quant a l'ostel vint, si trova
Les us fermez, donc apela
Com homme qui aveit mestier.
Cil ne se sourent conseillier,   1180
Quer li vasal non pout fuir
Ne il ne saveit ou tapir.
Cele n'osa plus demorer,
L'us est alee desfermer,
Li lechierres remest el liet   1185
Ou il aveit fet son deliet.
Au plus que il pout se tapi
143a Et des dras del lit se covri;
Quant li mari fu enz entrez,
"Dame," dist il, "l'us recloez   1190
Et mon liet tost m'aparelliez
Quer je sui auques dehaitiez."
"Sire," dist el, "por Dieu merci,
Por quei vos hastez vos eissi?
Mes dites moi primierement   1195
Ou ce vos avint et coment."
"Dame," dist il, "gel vos dirai:
Oreinz quant a ma vigne alai
Un raim me feri dedenz l'oil,
Mout sui bleciez et mout m'en doil,   1200
N'en puis aveir nule clarté
Si qui bien je l'ai crevé."
"Lasse," dist ele, "que ferai?

Chier sire, un mout boen charme sai
Dont je vos charmeré l'oil sain ;   1205
Puis poez estre bien certain
Que ja le mal ne s'i ferra
Puis que il charmez en sera,
Quer de l'un et l'autre se prent
Qui par charme ne l'en defent."   1210
Cil quide bien que veir li die,
Qui ne sout pas tant de veisdie,
A terre en son devant se couche,
Et el li clot l'oil o la boche
Et fist senblant qu'el li charmast.   1215
Mes por ce que cil s'en alast
Donc ele esteit bien entreprise,

143b Li teneit clos par grant feintise ;
Tant li tint clos et tant serré
Que cil del lit s'en est alé.   1220
Quant el sout qu'il fu esloigniez,
"Sire," dist el, "or vos dreciez,
Et si soiez or tot certain
D'icest oil que vos avez sain
Que ja del mal n'iert adesez   1225
Qui en l'autre s'est arestez,
Et se vos plest a reposer,
Bien poez or au liet aler."

Ce dist li fiz, "iceste chose
Esteit veirement enginnose,   1230
Par grant engien fu delivree
De ce dom el ert encombree.
A grant profet li tornereit
Qui tels fableals auques orreit.
Pere, se Dex vos beneie,   1235
Ne vos atargiez encor mie.
Dites m'en plus, vostre merci,
Quer onques mes rien n'en oï
Qui plus me pleüst a oïr."
"Bel filz, il devient molt plaisir,   1240

Quer grant sens i puet l'en aprendre
Qui de bon cuer i veut entendre.

VIII

Or oïes une otre cointise:
Un prodome avoet fame prise,
Sa suegre ensenble o els maneit   1245
En qui s'en fiout et creeit.
Un jor a garder li bailla
143c   Et en un soen besoing ala;
La meschine qui fu jolive
Quant o sa mere fut soltive,   1250
"Mere," dist ele, "entendez ça,
Porquei vit qui nul bien nen a?
Mout par a cil malvese vie
Qui mile feiz ne s'asazie
De rien dont il ait desirrer,   1255
Mout li puet sa vie ennuier."
"Por quei diz tu?" "Mere, por mei."
"Aimes donc?" "Oïl, par fei."
"Et a ton ami de tei cure?"
"Oïl, il m'aime sanz mesure. "   1260
"Comment le seiz tu?" "Bien le sai."
"Et tu comment?" "Esprové l'ai.
Que n'est rien plus de mei li plese,
Mande le, je te faré aise."
Donc fu li lechierre mandez,   1265
Et li conviz fu aprestez.
Quant au mengier furent assis
Es les vos malement sopris,
Quer li mariz est repairiez
Un poi malade et dehaitiez;   1270
A l'us vint, si commande ovrir.
Li lechierres s'en vout fuir,
Mes n'out par ou. Celes l'ont pris,
Si l'ont en une chambre mis

Ou li liez au seignor esteit, 1275
Car autre refui n'i aveit.
Quant tot ont mucié et covert,
143d Si ont au seignor l'us overt.
"Dame," dist il a sa mollier,
"Alez mon lit appareillier; 1280
Malade sui et mout me doil,
En mon lit reposer me voil."
La meschine fu esfree
Si a sa mere regardee,
Poor out s'en la chambre entrast 1285
Que son lecheor n'i trovast.
Quant la mere la vit doter,
"Fille," dist el, "ne te haster!
Premierement li mostreron
Nostre linçuel que fait avon." 1290
Donc ont un linçuel trait avant,
Si li ont estendu devant,
La vielle l'un des chiés leva
Et l'autre a sa fille bailla;
Semblant li fist qu'el le levast 1295
Et devant son mari s'estast.
Cele le fist tot a son vuel
Tant que par l'ombre del linçuel
Qui fu levez et estenduz,
S'en fu li lecheor issuz. 1300
Quant il sorent qu'esloigniez fu,
Si ont lor linçuel estendu.
"Fille," dist la vielle, "or alez
Le lit vostre seignor covrez
De cel linçuel, quant fait sara 1305
Plus soef si reposera
Por ce que blanc est et dougiez.
144a Alez tost! Si l'aparelliez!"
Ele vait le lit aprester
Et cil s'i ala reposer 1310
Par lor sens et par lor veisdie
Le deçurent en tel ballie.

Ce dist li fiz, "merveilles oï,
Si sachiez que mout m'est esjoï.
Por Dieu, dites oncor avant,   1315
Ne vos arestez pas atant,
Car tant comme plus en orrai
Et graignor profit j'aurai."
"Bel filz, le tierz fablel orras
Et a itant me soffreras."   1320

IX

Un prodom oï ja parler
Qui balla sa fame a garder
A sa mere tot autresi
Com fist cist dont tu as oï.
La meschine un autre aama   1325
Et a sa mere l'endita;
Por Dieu li pria homblement
Quel porchaçast hastivement
Que cil peüst a lie venir,
Si non, el se laira morir.   1330
Mere que mere, en quel maniere
Mesoïst ele sa preiere?
Qui fust ce qui bien en deïst,
Se mere a la fille fallist?
Le lecheor out apelé   1335
Que li chapon furent tué,
Et grant apareil i out fait
144b   Mes aprés i out grant dehait.
Quer tel sorvint as napes traire
Dont il n'i eüssent que faire-   1340
Ce fu li mariz qui revint.
A l'us bota, mes il se tint,
Quer cil l'aveient bien serré
Qui dedenz erent enserré.
N'i out cel n'i eüst poor   1345
Quant il oïrrent le seignor,
Car n'i out chambre ne solier
Ou li vasals peüst mucier

Ne reduit nul. Or que feront?
En quel guise se contendront? 1350
Cil ne pout mucier ne foïr,
Et l'us lor covint il ovrir.
La meschine est a l'us alee
Et la vielle prent une espee,
Del fuerre l'a mout tost sachee, 1355
Puis l'a au pautonnier ballee.
Tote nue el poing li a mise,
Puis s'est a une part assise.
Mes anceis li dist, "ci resta
Et qui de rien t'apelera 1360
Garde que mout ne li soner;
Je parlerai qui sai parler.
Quant li mariz dedenz entra
Arestut sei, si esgarda
Celui qui l'espee teneit. 1365
Merveilla sei qui ce esteit,
Quida qu'ocire le vousist
144c Traist sei arrere, si li dist:
"Bels amis, ce que senefie?
Ai ge donc garde de ma vie? 1370
Quels huens estes? Por quel mellee
Avez ci traite vostre espee?
A vos ma fame rien meffait
Ne ma sogre, ce coment vait?"
Onques cil mot ne respondi. 1375
Et la vielle saut, si saisi
Son gendre, puis l'a trait a sei.
Soef li dist, "beals fiz, tes tei
Que ne t'oient si annemi.
Ge te dirai com il vint ci; 1380
Je et ta fame mengion
Et avion cuit un chapon
Qui se moreit de la pepie,
Autrement nel tuisson mie.
De ce puez tu estre toz cerz 1385
Nostre us ert remes toz overz
Quant cist hom ceienz s'embati,

L'espee traite tot eissi
Com tu le veiz ici ester;
Aprés vehimes trespasser   1390
Treis homes par mi cele rue,
Chescun teneit l'espee nue,
Grant eirre aprés cestui coreent
Por ce qu'ocire le voleient.
Mes Dex nel vout par sa pitié   1395
Par qui si furent desveié
Que il nel sourent plus ou querre
144d   Que se il fust muciez en terre.
Quant je vi ce, si levai sus
Et par bone entente clos l'us   1400
Por ce que ceienz ne gardassent
Par aventure et nel trovassent.
Or quant il t'oï a cel us
Effreez fut, si leva sus,
S'espee traist tot esbahiz,   1405
Quer bien quidout estre asailliz."
"Dame," ce respont li mariz,
"A Deu en rent je grant merciz
Que ceienz l'a de mort gardé,
Et a vos en sai ge boen gré   1410
Quer bien et aumosne feïstes
Quant vos çaienz le requellistes.
Beal sire, or soiez toz en pais
Quer mal n'i aureiz vos huimais
Ne se Diex plaist que nos puisson.   1415
Venez seer, si mengeron
Ce que ci vei appareillié."
Tant li a dit et tant prié
Que joste sa fame l'asist
Et ovec lui mengier le fist.   1420
Ensemble mengierent et burent
Et tote jor ensemble furent.
Quant la nuit vint, si s'en ala
Et li mariz le conveia
Qui bien abriconnez esteit   1425
Quer de rien ne s'aperceveit.

"Dex," dist li filz et il comment,
145a   "Qui cuidast que si sodement
Peüst hom ne fame trover
Si grant engien ne porpenser?   1430
Qui trestot l'or m'aportereit
Qui est en Arabe et dorreit,
Ne voudreie je oublier
Se nes cuidoue recovrer
Cez treis fableaus que dit m'avez.   1435
Mes cheles, pere, or vos hastez
Et si recommenciez le quart,
Quer certes, bel pere, il m'est tart,
Que li quart seit recommenciez,
Quer n'en puis estre asaziez."   1440
Dist li pere, "tu es desvez,
Ja t'en ai ge or treis contez
Et encor es si angoissos;
Je criem que n'avienge entre nos
Com entre un rei qui France tint   1445
Et un soen fableor avint."
"Pere, quer me dites comment,
Si m'ert grant asoagement;
De boen volenté l'orrai
Et mout boen gré vos en sarai."   1450
"Et gel te conterai assez."

X

Li reis esteit acostumez
De son fableor escouter
Chascune nuit aprés soper.
Ja ce nule nuit ne fallist   1455
Que cinc fables ne li deïst
Tant que il l'aveit endormi.
145b   Or avint une nuit eissi
Que li reis fu auques pensis
Quer guerre aveit en son païs;   1460
Tant pensout com la finereit

Que endormir ne se poeit.
Li fablerres qui li contout
Les cinc fables finees out;
Au rei dist que dormir ireit   1465
Et li reis dist que non fereit;
Une en voleit oncor oïr,
Puis se porreit aler dormir.
Cil dit que pas ne li dira
Quer il ne puet, tel somel a.   1470
"Avoi," dist li rei, "se feras,
Une longue m'en aconteras
Car icez treis que tu m'as dites
Ont d'assez esté trop petites."
Et cil respont, "faire l'estuet,   1475
Si otreie que mais ne puet.
Un païsant jadis esteit
Qui mil solz aünez aveit.
Porpensa sei que ses deniers
Metreit en tel leu volentiers   1480
Ou aucune rien gaagnassent
Et ou il se montepleassent.
Un jour a une feire ala
Et cez deniers o sei porta;
Plusors choses i bargagna,   1485
Mes onques nule n'i trova
Ou si bien peüst marcheer
145c Com en brebiz achater.
Toz i emplea ses deniers
Por mil solz en out dous milliers;   1490
Itant i a, fereit veir diz,
A sisein denier la brebiz.
Asez en i out boen marchié.
Sire, quant tot out esligié,
Si a que li queses aïes,   1495
Totes ses brebiz aquellies.
A une eve vint desrivee
Qui mout esteit parfonde et lee;
Ne pont ne gué n'i pout trover
Ou ses brebiz peüst passer,   1500

Ne nef ne batel n'i aveit
Fors un sol ou n'i poeit
Que dous brebiz a male peine,
Et une villote quil meine.
Li prodons fu toz esbahiz   1505
Quer mout i aveit des brebiz
Et li bateals petit esteit.
Bien sout que mout i sejorreit
Se tant li estuet demorer
Que totes les ait fet passer   1510
Par dous et dous tant solement,
Et il nel puet fere autrement.
La veille a sei a apelee
Et quant sa nef out aloee,
Dous des brebiz dedenz bota   1515
Et la veille outre les porta
Aprés revint por des brebiz.
145d A itant s'est cil endormiz
Qui ceste fable au rei contout,
Le teste mist jus, si se tout.   1520
Li reis le commence a haster
Et de ce forment a blasmer
Que la fable ne fenisseit
Que commencee li aveit.
"Sire," dist cil, "grant tort avez   1525
Mout i a brebiz ce savez
Et l'eve est lee et la vacele
N'est ni grande ne isnele.
Bien poon un somme dormir,
Ou dous ou treis tot a leisir,   1530
Ainz que totes les ait passees
La vielle qui les a aloees.
Donc a primes quant cesera
Que totes outre les aura,
Et li vilains sera passez,   1535
Se je ne di, si me blasmez,
Mes entre tant ne sai que dire."
Et li reis commença a rire.
"Certes," dist il, "grant tort aroie

Se entretant t'en semoneie.   1540
Cortaisement m'as apaié,
Bien as deservi le congié.
Or va a Deu, si te repose
Quer outre n'iront il en pose."
"Eisi apaisi cist le rei.   1545
Filz, autretel te de mei,
Que se tu m'enchauces granment,

146a Je essaerai ensement
Delivrer mei comme cil fist,
Et te dirai com il li dist."   1550
"Pere," ce dist li filz, "merci,
Ne vait pas entre nos eissi,
Quer cil qui les fables diseit
De nule rien ne li esteit
Fors de tant qu'au rei peüst plaire,   1555
Ne li reis n'en aveit que faire
Fors tant que il se delitout
Ne cil por el ne li contout.
Mes vos me devez chastier
Et doctriner et enseignier.   1560
Ne je por el nel vos demant
Ne ne vos vais si enquerant,
Mes por saveir mei plus garder.
Voil des dames oïr parler,
Si vos pri que vos me conteiz   1565
Quanque de lor engienz savreiz.

XI

Filz, un prodom jadis esteit
Qui une bone dame aveit,
De grant bealté ert replanie
Et mout menout honeste vie,   1570
Quer bien et de leel amor
Serveit et amout son seignor.
Nus ne la peüst a ce traire
Que autre amor li peüst plaire.

A son seignor vint en corage   1575
Qu'il ireit en pelerignage
A mon seignor Saint Pere a Romme.
146b Onques ne volt laissier ne home
Ne fame a garder sa mollier,
Quer n'esteit de ce nul mestier.   1580
Ce li ert vis. Tant se creeit
En la bonté qu'ele aveit,
Quant il nuit, el le conveia,
Et au departir mout plora,
Et li sires la conforta   1585
Et li dist et amonesta
Qu'el bien se tenist fermement
Dom ele aveit commencement.
La dame revint en maison
Qui n'aveit pensé si bien non,   1590
Contint sei si com el soleit
Et mielz encor se mielz poeit.
Un jor eissi de sa meson
Mes nel fist pas sanz acheson,
Quer chés une soe veisine   1595
Mout humblement, la teste encline,
Ala ou ele aveit a faire,
Et quant ele esteit el repaire
Un damaisel de la contree
L'a par aventure encontree.   1600
Mout la vit humblement venir
Et honestement contenir.
Commença la a covertier,
Et nus ne s'en deit merveillier
Car la mendre de ses bontez   1605
Ert a lie couvertier assez.
Cil la salua bonement,
Et el si fist lui ensement.
La dame a son ostel ala,
Et cil s'estut, si l'esgarda,   1610
Et quant ne la pout plus veier
En un lieu s'ala a seier
Ou nul nel peüst esgarder.

Si commença a recorder
Le grant bealté que ele aveit   1615
Qui l'alumout et esperneit,
Et puis son bel contenement,
Et tot li ert avivement;
Car comme il plus i pensout
Plus esperneit et alumout.   1620
Et "Dex," dist il, "que dei ge faire
Se je ne la puis a ce traire,
Que je soie soens et el moie?
Donc mar vinc je hui ceste voie
Mal la vinc je, je n'en dot mie,   1625
Car mout tendra en grant folie
Se je la requier d'amistié,
Car el n'a son de tel marchié.
Mar fu sa beauté et son sens
Quant del tot part issi son tens,   1630
Por nient fut bele ne vaut rien
Quant el ne veut aveir nul bien.
Di je or bien par fei ne val,
Anceis di folie et grant mal,
Car el fet ce que el deit faire   1635
Si nel dei pas en mal retraire,
Et je mortelment pechereie
146d   Se de son bien la retraie.
Par fei ja ne m'en serai
Coment ert dont ja sofrerai,   1640
Et se longues ne puis soffrir
Si m'estovra lessier morir.
Morir? ce serreit mauvestié,
Et grant reproche et grant pechié,
Quer cil est perdu qui s'ocit   1645
De son gré, ce nos dit l'Escrit,
Et je de mon gré m'ocireie,
Se en tele maniere moreie;
Quer puet cel estre s'el saveit
Comme je sui por lie destreit,   1650
Tost aureit el merci de mei
Et en prendreit aucun conrei.

Ja ne devreit l'en enfoïr
Home qui se lesse morir
Por mauvestié de demander 1655
Mecine a qui l'en puet doner.
S'o mei en eüst conseil pris
Andrieu qui fu mort a Paris
Par mauvestié que il n'ousout
Regehir la mort quil grevout 1660
Oncor vesquist par aventure.
Ja la dame ne fust si dure
Que vers lui ne s'asoupleast
Anceis que morir le laissast,
S'il en quidast estre detraiz 1665
A roncins, ou ars, ou desfaiz,
Ou morir de plus aspre mort.
147a Si li fust ce mout grant confort,
Seveals que la dame seüst
Que de sa mort acheison fust 1670
Puis n'en deüst il blasme aveir
Que fait en eüst son poeir.
Or n'en deit nus aveir pitié
Quer il fu mort par malvestié;
Eissi ne vei je nient faire 1675
A quel chief m'en convient traire,
Aura ele avant mon mesage
Par quei je saurai son corage;
Et se il n'i puet espleitier,
Je meësmes l'irai preier." 1680
Li dameseaus issi le fist
Plusors messages i tramist
Et par plusors feiz l'esseia,
Mes onques rien ne li monta.
La dame toz les refusout 1685
Et estrangement li pesout
Que tel chose li requereient
Donc il i a rien n'espletreient.
Quant cil vit ce, mout s'esmaia,
Et il meïsmes i ala, 1690
Mes ne bel preeir, ne plorer,

Ne prametre, n'aveir doner,
Ne la pourent a ce torner
Que sol le vousist escouter.
Cil souvente feiz se meteit   1695
En la veie ou il saveit
Ou la dame deveit passer
147b   Por lie voier et esgarder.
Devant lie plorut tendrement
Et merci criout humblement,   1700
Mes travail ert, rien ne valeit
Quer nule pitié nen aveit.
Cil ne saveit conseillier,
Un jor veneit de lie prier,
Dolenz et pensis et hontous   1705
Com cil qui mout ert angoissous
Et ne poeit conseil trover.
Comença sei a dementer
A sei meïsme en tel ballie.
"Dex," dist il, "tant meine male vie,   1710
Tant sui folez et je porquei?
Quant je aim ce qui n'eime mei.
Je n'en puis mes. Si puis, comment?
Je la amai trop folement,
Si m'en deüsse arrere traire,   1715
Veirs est se jel peüsse faire;
Mes n'en puis oster mon corage,
Par fei donc ne sui ge pas sage
Quer un saives hom s'en tornast
Ou seveals sagement l'amast.   1720
Sagement? ice ne puet estre,
Quer chacuns hom est d'amer mestre,
Li plus fol en est plus senez,
Qui sens i quert, si est desvez;
Et tost i puet aveir damage   1725
Qu'en amor veut estre sage;
Icel ne puis je pas veeier
147c   Que sens venait par tot mestier
Fors en amor, mes iluec faut,
Iluec ne seit il, ne ne vaut.   1730

Je vei celui quin n'est soupris,
Voudreit aveir son pere ocis
Mainte feiz et tot son lignage
Por aemplir son fol corage.
Quer lui ne chaut que chascun die, 1735
Mes qu'il face au talent s'amie.
Amors fet cels del tot foler
Qui vulent sagement amer ;
Nus n'i deit esgarder mesure
Mes laist aler en aventure, 1740
Et prenge sor sei hardement ;
Issi puet amer sagement
De mei ne sai ge que ge die
Car ne par sens ne par folie
N'aurai ge ce que je couveit. 1745
Mout m'a mis cele en grant destreit
Qui de mei n'a nule merci ;
Mort m'ont mi oil et mal balli
Qui a mon cuer mostrerent lent,
Donc il n'a espeir ne atente 1750
Que ja le fruit l'en face bien
Sil coveite sor tote rien."
Com il se dementout eissi
Devant sei garda et choisi
Une veille qui escoutout 1755
Le grant duel qu'il demenout.
Dras aveit de religion
147d Et s'apuiout o un baston,
Bien semblout chose esperitable
Et ce esteit menbré a deable, 1760
Que por mals engienz porpenser
N'aveit en tot le mont sa per.
El vint au dameisel devant,
Si li demanda maintenant
Que il aveit qu'issi plorout 1765
Et qui si fort se dementout.
"Dame," dist il, "je n'ai nul bien,
Mes quant tot le mal en est mien,
Par mei sol le me soufrerai.

Jamés a home nel dirai."   1770
"Ami," dist ele, "ce ert folor,
Bien deit cil gesir en langor
Qui ne veut au mire gehir
Quel mal ce est qui fet languir.
Et quant il mostre s'enferté,   1775
Si en vient plus tost a santé."
Cil sout bien que veir li diseit,
Porpensa sei qu'il li direit
De la chose la verité,
De chief en chief li a conté   1780
De la dam, comme il l'amout
Et comme ele le refusout,
Si n'en poeit conseil aveir.
Ce dist ele, "ne te tamer,
O l'aïe Dieu t'aiderai.   1785
Or t'en va, je en penserai."
La vielle d'iluec s'en torna,
148a   Tot dreit a son ostel ala.
Une liessete qu'ele aveit
Lia a un post bien estreit;   1790
Treis jorz la tint qu'el ne menja,
Au quart quant el la deslia
Mengier li fist mout grant plenté
De pain en mostarde tempré.
Que que la lesse le menjout,   1795
L'eve des oilz li defilout
Por l'angoisse que ele aveit
De la savor qui forte esteit.
Quant ele en out assez mengié
Et li oil furent bien mollié,   1800
La vielle d'iluec s'en torna
Et la liessete o sei mena;
A la dame en ala tot dreit
Por qui li vaslet languisseit.
Quant la prode dame la vit   1805
Por l'aage et por l'abit
Qui de religion senblout,
L'enora a quant que le pout.

La dame la lesse esgarda,
Estrangement se merveilla 1810
Qu'ele aveit qui se plorout
Que tote la terre mollout
Environ la ou ele esteit
De l'eve qui des oilz coreit.
A la vielle l'a demandé, 1815
"Dame," dist el, "por amor Dé,
Me dites et par guerredon
148b Se ceste liesse plore ou non.
Que est ice, seut el plorer,
Ou les oilz li suelent lermer 1820
Par costume toz tens eissi?
Certes onques mes tel ne vi."
"Fille," dist la vielle, "merci.
Je ne sui pas venue ici
Por ma grant dolor ramembrer, 1825
Certes ja n'en orrai parler
Que ne soie triste et dolente.
Dex te garisse or ta jovente
Que ne t'aviegne autresi
Comme a ceste que tu veiz ci." 1830
Quant cele a tel parole oïe,
A la vielle grant merci crie
Qu'el li die coment ce vait.
Et la vielle a un sospir fait
Aprés li a dit, "bele file, 1835
Or oras ja grant marabille-
Ceste liesse que tu veiz ci
Fu ma fille, je l'ai norri
Tant qu'ele fu fame formee.
N'aveit en tote la contree 1840
Dame nule ne damaisele
Plus henorable ne plus bele.
Trop fu el bele, en grant tristor
En est mon cuer et nuit et jor.
Chiere dame, or avint eissi 1845
Qu'un dameisel l'encovi
Qui nez esteit de la contree;

148c Et quant il l'out bien aamee
   Preia la et prier l'a fist,
   Beaus dons li dona et tramist;   1850
   Mes ne doner, ne bel preier
   Ne la pourent amoleier;
   Quer ne les dons ne receveit,
   Ne les preieres ne n'oeït
   Ne ja en place n'arestast   1855
   Ou nus hom de ce la parlast.
   Quer en proposement aveit
   Que chastement tozdis vivreit
   Ne ja a lé n'aprismereit
   Hom se sen espos n'esteit.   1860
   Li dameiseals ne sout que faire
   Quer n'en poeit son cuer retraire,
   Ne de li n'aveit nul confort.
   Malades atocha a mort,
   Et quant longuement langui   1865
   Morir l'estut, onques merci
   Ne pitié ma fille n'en out,
   Et Dex s'en venga quant li plout,
   Quer de primes la fist contraite
   Por la cruelté qu'el out faite,   1870
   Que celui out lessié morir
   Qui le peüst de mort garir.
   Quer Dex het mout itel pechié
   Que huem n'en a d'autre pitié.
   Quant ele out langui longuement   1875
   Dex la mist en plus grief torment,
   Quer liesse la fist devenir
148d Por le pechié espeneïr.
   Or use sa vie en dolor
   Quer onques puis ne nuit ne jor   1880
   Ne furent essuié si oil,
   Eissi se venge Deu d'orguil."
   Quant la dame a ce entendu
   Qui simple et sanz mal engin fu,
   A la vielle dist humblement,   1885
   "Dame merci, tant ensement

M'est avenu, quer autresi
Maint un damaisel pres de ci
Qui por mei muert, mout debonaire;
Et je n'en certes que faire   1890
Quer vescu ai desi ici
Sanz tel folie, Dieu merci,
Et se or m'estuet commencier,
Honte en aurai et reprovier.
Mes miez m'en vient honte soffrir   1895
Que chien ne liesse devenir.
Por Dieu m'en donez tel conseil
Qui leal me seit et feel."
Ce dist la vielle, "mout es folie,
Ja de ce ne sera parole,   1900
Tot son boen puez fere a celee
Si que ja n'en ert renommee.
Et mielz vendreit que tote gent
Le seüssent apertement
Que tu fusses si atornee   1905
Comme est ceste maleüree.
Por la pitié que je en ai
149a   Celui qui si t'aime querrai
Et sil ferai o tei parler
Por Dieu et por m'arme saluer.   1910
Mout porroies estre dolente
Se por tei perdeit sa jovente;
Si saches que tu comperreies
Ou tost ou tart, ja n'i faudreies.
Ce saches tu de verité,   1915
Se ma fille m'eüst mostré
Que li vaslet l'amast si fort
Qui por s'amor reçut la mort,
Ja n'en fust en liesse muee;
Quer tele l'eüsse atornee   1920
Que de sei ne feïst un prest
Si fust or mielz que li ne n'est;
Or n'i a plus, mes je irai
Querre cestui, sil t'amerrai,
Et tu fai partot son plaisir   1925

Si comme ton cors veuz garir."
"Dame," dist el, "vostre merci,
Faire le m'estovra eissi,
Ja de vostre conseil n'istrai;
Alez et je vos atendrai."   1930
La vielle d'iluec s'en torna,
Le dameisel quist et trova,
A l'ostel l'amena tot dreit
Ou la dame ert qui l'atendeit.
De celie li balla saisine   1935
Qui de son mal ert medicine.

"Certes," dist li filz, "tel n'oï,
149b Si sachiez pere que je qui
Que ·ce est par art de deable."
"Par fei, beau fiz, ce n'est pas fable.   1940
Deable en est et mestre et sire,
Qui ce coveite et ce desire."
"Par fei, beal pere, il m'est avis
Que qui bien sereit ententis
Et d'el tot i metreit sa cure,   1945
Qu'il les porreit par aventure
De lor engienz mout destorber
Et d'eles se porreit garder."
"Beals fiz, il ne m'est pas avis,
Or oies qu'en avint jadis."   1950

XII

D'un dameisel oï parler
Qui de ce se soleit paner
Que lor engien peüst saveir
Qu'els nel peüssent deceveir.
De grant maniere s'en pennout,   1955
Mout en enquist et mout en sout;
Et quant il dut fame esposer,
A un sage hom ala parler
Por enquerre et por demander

Comment il la porreit garder.   1960
Le prodom le tint por bricon,
Et nequedem une maison
Li rova faire ou il n'eüst
Parei qui de pierre ne fust
Et o mortier bien seelee.   1965
Si n'i eüst que une entree
Ja mar i aureit que un us,
149c Et une fenestrele sus
Et tant petite que eissir
N'en peüst hom ne enz venir.   1970
Dedenz la meson la meïst
Ja mar nule feiz en eisist;
Assez li donast a mengier
Et a vestir et a chaucier,
Et sanz sorfet le refeïst   1975
Que orguel ne s'i enbatist.
Quant cil oï l'enseignement,
Ne demora pas longuement;
La maison fist tot en la guise
Com li prodom li out aprise,   1980
Sa fame mist enz en prison.
Quant fors isseit de sa meson
Dedenz l'enserrout fermement
Et quant i entrout ensement;
Et la nuit quant il se couchout   1985
Les cles desoz son chief posout.
Longues la tint en tel ballie
Que se faire vousist folie
Qu'el n'en peüst aveir laisor.
Mes or avint eissi un jor   1990
Qu'il fu au marchié alé
Et out bien l'us sor lie fermé.
La dame acostumee esteit
Si tost comme cil s'en eisseit
Qu'a la fenestrele montout   1995
Et ceus de defors esgardout.
Un dameisel i vit passer,
149d Comença le a esgarder,

Sagement le vit contenir
Et bel aler et bel venir,   2000
Et beal li sembla durement
Et plain de grant afaitement.
Estrangement li coveita
Et en son corage aama,
Mes ne saveit engien trover   2005
Com el peüst o lui parler.
Longuement s'i estudia,
A la parfin se porpensa
Que son seignor enivrereit;
Et la nuit quant il dormireit   2010
La clef belement emblereit
Desoz son chief, puis s'en istreit
Et parlereit a son ami
Qu'ele aveit tant encouvi.
Issi fist comme ele pensa,   2015
Son seignor la nuit enivra,
Et la clef prist et s'en issi
Quant fermement l'out endormi.
Chescune nuit eissi feseit
Et son mari mot n'en saveit,   2020
Quer toz tens anceis reveneit
Que cil s'esvellast qui dormeit.
Nequeden cil out bien apris,
Quer mout s'en esteit entremis
Que ja fame n'en iert gardee   2025
De ce faire que li agree;
De la soe se mervellout
150a   Qui chescune nuit se panout
De fere le beivre a sorfait.
Bien sout que ce esteit atrait   2030
De lui abeter et deceivre
Et que por el nel feseit beivre,
Porpensa sei qu'il en saureit
Tote la chose si poeit.
Une nuit feinst que ivre esteit   2035
Et si but meins qu'il ne soleit;
Nequeden mout fist grant senblant

Que ivre esteit, et meintenant
Quant il se fu alé couchier
Si comença bien a fronchier   2040
Por lie deceivre et esprover.
Et ne se veut pas oblier
Que sa costume ne feïst.
La clef desoz son cheveiz prist,
L'us desferma, puis s'en issi,   2045
Et ala dreit a son ami.
Quant el fu hors, cil leva sus
Et soentre lie ferma l'us,
A la fenestre s'apuia
De si que cele repaira.   2050
Quant ele vint, si a trové
L'us par dedenz tres bien fermé;
Dolente fu et plore d'ire,
Ne sout que faire ne que dire.
L'us a boté mout belement,   2055
N'osa apeler autrement;
Et li mariz li demanda
Toz effreez, "qui es tu la
150b Qui a tele hore es a mon us?"
"Sire," dist ele, "il n'i a plus,   2060
Mes malement sui entreprise;
Por Dieu et por vostre franchise
En aiez ceste feiz merci,
Et je leaument vos afi
Que jamés nel me penserai,   2065
Mes feelment vos servirai
Doreenavant tote ma vie."
"Certes," dist il, "ce n'i a mie,
Jamés o mei ne coplereiz;
La hors a l'eir vos deduireiz   2070
Tant que ci soient assemblé
Tuit cil de vostre parenté.
Si lor mostrerei en quel sens
Vos m'avez or servi lonctens."
"Sire," dist el, "por Dieu merci   2075
Se vos le volez faire issi,

Donc sachiez vos que ja en dreit
Morrai de quel mort que ce seit;
Mielz veil de vie estre sevree
Que vive estre a honte esgardee.   2080
Puis ne chaut qui tienge conte
Que je n'en saurei aveir honte.
Ci a un puiz dejoste mei
Don je bevrai certes sanz sei
Tant que li cuers me crevera;   2085
Si m'aït Diex, g'i saudrai ja
Se ne me venez l'us ovrir.
Et si ne poëz vos fallir
Que vos ne seiez por ma mort,

150c   Ou seit a dreit ou seit a tort,   2090
A honte et a desenor mis
Se Dex garist toz mes amis."
"Dame," li mariz li respont,
"Le puiz est grant et bien parfont
Bien vos poëz veier dedenz;   2095
Dahé ait el coul et es denz
Qui en chaut se tant en bevez
Que toz tens en aiez assez,
Quer vos avez bien deservi
Que vos devez morir eissi   2100
Ou oncor plus, quer veant gent
Deüssiez morir plus vilement.
Cele fu cointe et enginose,
Une grant pierre merveillose
A vers son vis amout levee;   2105
Puis l'a d'air el puiz ruee
Grant noïse fist quant el chaï.
Et li mariz quant il l'oï,
"Alas," dist il, "je suis honiz,
Neié s'est dedenz cel puiz,   2110
Mout ai malement espleitié,
Ocise l'ai par mon pechié."
A l'us cort, si l'a defermé;
Et cele soz un degré
Ou tapie s'ert et mucee,   2115

Quant il fu hors, enz s'est fichee,
As talons li a l'us serré.
Puis l'a par dedenz bien fermé,
Ester s'en vet a la fenestre.
"Et Dex," dist il, "ce que puet estre, 2120
150d Ce n'est pas fame, ainz est deable;
Qui si est cointe et decevable,
Nus hom ne s'en porreit garder."
"Dame," dist il, "je lais ester
Quanque meffet m'avez del tot, 2125
Ja n'en orreiz mes soner mot,
Venez mei or l'us deffermer;
Si me leissiez leenz entrer,
Et je vos en covenant bien
Que je jamés de nule rien 2130
Que vos faciez n'en parlerai.
Quer or a primes vei et sai
Que s'entente pert et sa peine
Qui de fame garder se peine;
Et je veraement foloe 2135
Quant de vos garder me penoe."
"Ahï," dist ele, "fel traïtor,
Cuvert lechierre, mal amor,
M'avez mostré et male fei,
Tel estes que vos n'avez lei. 2140
Chescune nuit me guerpissiez
Et tote fole me lessiez
Por vos putains ou vos alez,
Si estes ore acostumez
Que ja ne vos en faudra nuit. 2145
Si pensez qu'il ne m'ennuit
Si faiz veir et si deit il faire,
Mes j'ai esté tant de bon aire
Que je n'en voloie parler,
Mes or nel puis je mes celer, 2150
Ja n'entrereiz mes ça dedenz
151a Certes de si que vos parenz
Et les miens soient asemblé.
Si lor dirai la verité

Com vos m'avez lonctens serviee   2155
Et por voz putains relenquiee. "
Que vos feroie longue fable
Ce fu la fame au vif deable,
Qui onques ne vout otreier
Por pramesse ne por loier   2160
Ne por rien qu'il covenançast
Que dedenz la meson entrast.
Ainz manda par matin sa gent
Et a trestoz communement
Fist a creire por verité   2165
Qu'il s'esteit de lie enblé
La nuit et eissi s'en enblout
Chescune nuit qu'il anuitout,
Et sole la deguerpisseit
Des qu'al demain qu'il reveneit.   2170
Quant cil le soen conte contout
C'esteit nient el li troblout
Tote sa reison et son conte ;
Cil moreit de duel et de honte
Qui a grant tort blasmez esteit.   2175
Mes fust a tort ou fust a dreit
Cele contout si le soen conte
Que le blasme et tote la honte
En fu sor son mari tornee,
Et ele en fu si desblamee   2180
Que de rien n'en fu mescreüe,
Mais por prode fame tenue.

151b   "Par fei, beals fiz, cist aveit mis
Sa cure et s'entente tozdis
En ce que garder se seüst   2185
Que fame engringnier nel peüst.
Or me di que ce li valut-
Par fei, nule chose, ainz li nut."
"Certes," ce dist le fiz, "jel pens
Que n'est nus hom de si grant sens   2190
Qui fame gardast ne tenist
Que sa volenté ne feïst.

Que qui si garder s'en seüst
Qu'en aucun sens nel deceüst
Se Dieu meïsme nel feseit   2195
Por dreit nient s'en panereit;
Et ce que je en oï conter
Me fet del tot desesperer
De prendre fame, et ne cuit mie
Que ja nule en prenge en ma vie."   2200
"Avoi," dist li pere, "beals filz,
Mout par en i a de gentiz,
Quer si iteles sunt auquantes
Mout en trovera l'en de vallantes,
Ne sont nient totes iteles,   2205
Assez en trove l'en d'iteles
A cui Dex a abandoné
Sens et mesure et chastee.
Quant Diex tele a home la balle
N'a soz ciel tresor qui la valle."   2210
"Beal pere, boen oïr feïst
D'aucune qui son sens meïst
151c Et son engien en aucun bien.
Savez en vos de nule rien
Qui son engien a ce tornast   2215
Que aucune rien profetast?"
"Oïl, beals fiz, plusors en sunt
Qui grant bien par lor engien funt;
D'une mout sage en orras ja
Come son seignor conseilla.   2220

XIII

Li prodome ert d'Espagne nez,
Or et argent aveit assez,
Parmi Egypte trespassout,
Tot dreit a Mech en alout,
La ou Mahomert henorez   2225
Et de Sarrazins aorez;
En pelerignage i alout

Et grant aveir o sei portout.
Com il dut es deserz entrer,
Commença sei a porpenser　　　　　　2230
Que par aventure pardreit
Cel aveir s'o sei l'esmoveit.
Celi a loé son conseil
Qu'a un leal home et feel
Son aveir a garder ballast　　　　　　2235
Tant que par illuec repairast.
Retornez est en la cité,
Si a enquis et demandé
Ou li plus leaus hom maneit
Que l'en en la cité saveit.　　　　　　2240
Un home li a l'en mostré
Qui mout esteit de bel eé,
La barbe out chanue et florie,
151d　　Bien resemblout de bone vie.
Cil d'Espaigne li a baillié　　　　　　2245
Mil besanz d'or, puis l'a prié
Por amor Dieu qu'il li gardast
Tant que par illuec repairast.
Des oreisons de Mahommet
Et cil Dieu en plege l'en met　　　　　2250
Que sauvement li gardera
Et au repairier li rendra
Tot, si que ja n'en faudra rien.
Li leaus hom l'en creit bien
Congié prist et sa veie tint　　　　　2255
Et a l'ainz que il pout revint;
Quant venu fu, si demanda
Son aveir, et cil li neia
Que del suen n'aveit rien eü,
N'onques mes ne l'aveit veü.　　　　2260
Quant li prodom a ce oï,
"Avoi," dist il, "sire merci,
Damedieu en pleige meïstes
Quant vos mon aveir retenistes
Que bien me le garderiez　　　　　　2265
Et que tot le me rendriez

Leaument quant je revendreie.
Vos n'alez mie dreite veie,
Por Dieu, ne fetes tel pechié;
Felenie est et malvestié   2270
Trop grant se mon aveir nen ai
Que par bone fei vos ballai."
Et cil li respont, "beals amis,
Vos avez malement mespris,
152a Laissiez mei ester tot en pais   2275
Que je ne vos vi onques mais;
Fables sunt que vos demandez
N'estes nient bien asenez."
Cil fu angoissos et dolenz,
Par la cité a plusors genz   2280
Mostra comme cil le menout
Et com son aveir li neiout;
Mes n'en poeit estre creü
Quer esteient deceü
De cel borgeis par la cité   2285
Qui entr'els aveit conversé
Si lealment tote sa vie
Qu'onques de nule tricherie
Nen aveit l'en oï parler.
Dom nus hom le peüst reter,   2290
Or si teneient tuit a fable
Que de cest crisme fust copable;
Mes cil qui son aveir perdeit
Plusors feiz chescun jor veneit
La ou li trichierres esteit   2295
Qui son aveir le deneeit.
Por Dieu li priout humblement
Qu'il l'en feïst restorement;
Et cil responeit, "beals amis,
Musarz estes, ce m'est avis,   2300
Por foul me ferïez tenir
Tant vos porroie ge soffrir;
Soffert vos ai or longuement
Mes or sachiez or veraement
Se vos jamés ceienz entrez   2305

152b Ne de tel chose m'apelez,
Ne me porreie pas tenir
Que ne vos feïsse laidir."
Quant cil les menaces oï
Fors de la meison s'en eissi;   2310
Dolenz s'en alout et pensis,
Et quant au chemin se fu mis
Par aventure a encontree
Une fame beneüree.
Vielle esteit et si s'apuiout   2315
A un baston qu'ele portout,
Et fors de la veie getout
Les pierres qu'el chemin trovout
Por ce que cil ne s'i hurtassent
Qui par le chemin trespassassent.   2320
Quant celui i vit trespasser
Comença le a regarder,
Bien sout que marement aveit,
Quer pensis et ploros esteit;
Quant el le vit si dehaitié,   2325
Si l'en prist estrange pitié.
En un segrei leu le mena,
Si li enquist et demanda
Qui il ert et que il aveit
Qui si desconfortez esteit.   2330
Cil li a la chose mostree
Et de chief en autre contee.
"Beals amis," dist ele, "or atent
Se veirs est au mien escient,
Porreies tu encor aveir   2335
O l'aïe Dieu ton aveir.
152c Mes tot avant te covient querre
Un leal homme de ta terre,
Si l'amerras desi ici,
Et quant par lui aurai oï   2340
Et seü que tu me diz veir,
Si t'aiderai a mon poeir."
"Dame," dist li prodom, "merci,
Damedieu seit que je veir di;

En ma contree m'en irai,   2345
Un prodome t'en amerrai,
Tot le plus leal del païs."
"Or va," dist ele, "beals amis,
Et je ai en Dieu boen espeir
Que je te rendrei ton aveir."   2350
"Ancele Dieu et tu coment?"
"Or ne te chaut, mes isnelment
Va et revien." Et cil si fist.
Tot le plus leel home prist
Qu'il en la contree sout   2355
Et qui mielz hom vallant senblout.
En Egypte vindrent tot dreit
A l'ostel ou la fame esteit
Sor sainz li ont andui juré
Que cil requereit leiauté.   2360
"Seignors," dist ele, "or vos taisiez
Et en aucun lieu porchaciez
Dis coffres et ses faices teindre
Et de diverses colors peindre.
De fer les fetes bien barler   2365
Et o boenes clous d'argent cloer;
Sereüre en chescun metez
152d   Et o boenes cles les fermez.
Menues perretes querez
Et toz dis les m'en enplez.   2370
Quant ce aurez fait, si m'aez,
Dis forz homes aparelliez,
A chescun un coffre livrez
Et ceiens les mes amenez."
Cil ne s'atargierent nient   2375
De faire son commandement,
Quant tot ourent aparellié,
Si sunt arrerre repairié.
"Seignors," dist ele, "or covient faire
Si qu'a dreit chief en puisson traire,   2380
De la chose qu'avon enprise
Estuet ovrer par grant cointise.
Je et cist prodom en iron,

Beals amis, dreit a la maison
Ou cil maint qui a ton aveir.   2385
A creire li feron por veir
Que cist hom veut a Mech aler
Et en garde li veut livrer
Dis coffres pleins de son aveir
Que il n'ose o sei esmoveir;   2390
Et ces dis homes nos suivront
Qui ces dis coffres porteront;
En ordre viengent un et un
Et loing de l'autre seit chescun.
Quant li premiers ert enz entrez   2395
Tu soies prof et aprestez,
Si te met aprés maintenant
Et si demande nostre oiant

153a Ton aveir que tu li ballas,
Et je crei bien que tu l'auras.   2400
Si Dieu plest qui de tot est sire,
Ja n'en sera denier a dire."
Cil n'ot son de lonc demorer,
Pres de l'ostel s'ala mucier
Si com el li a comandé.   2405
Et ele a l'autre home mené
A la maison et cil alerent
Aprés qui les coffres porterent;
Quant la vielle dedenz entra
Li trichierres la salua   2410
Et celui qui o lei veneit
Dom il nient ne quenoisseit.
"Sire," dist ele, "entent a mei,
Nos sommes ça venuz a tei;
Cist hom n'est pas de cest païs,   2415
D'Espagne est né, ce m'est avis.
Erseir o mei se herberga
Et si m'enquist et demanda
Ou li plus leals hom maneit
Que l'en en la cité saveit.   2420
Je ne li soi autre nommer
En cui s'en peüst miez fier,

A tei l'ai ici amené
Si te die sa volenté."
"Sire," dist cil, "el vos dit veir   2425
En cest païs ai grant aveir
En dis coffres qui vienent ci;
Recevez les, vostre merci,
Et sis me faites bien garder
153b Tant que mei luise retorner   2430
De Mech ou je sui esmeüz."
Atant est li premier venuz,
De ceus qui les coffres portoent;
Les autres de gré demorouent
Quant cil en la meson entra.   2435
Et li prodom se desbucha
Qui ses besanz aveit perduz;
Aprés celui est enz venuz,
Quant li trichierres l'esgarda,
Au col li coru, sil baisa;   2440
"Ami," dist il, "estrangement
Avez demoré longuement,
Mes ore en seit Diex graciez
Quant vos estes sain repariez,
Vostre aveir vos ai bien gardé   2445
Que vos m'aviez comandé,
Or l'auriez dés que vos plaira."
"Amis," dist cil, "ce sera ja,
En mon païs m'en veil aler
Si l'en voudrei o mei porter."   2450
Et cil cort, si li aporta,
Cist le prent qui grant joie en a;
O tot s'en iest de la meson.
Et la vielle et son compaignon
Furent tuit lié quant il ce virent   2455
Et aprés celui s'en issirent;
Au borgeis distrent qu'il ireient
Contre les coffres qui veneient,
Li nuef que il ont encontrez
Ont arrere ovec els menez.   2460

153c   Le diesme au tricheor ballierent
Quer onques puis n'i repairerent.

Ce dist le filz, "de ceste dame
Deit partot aler boene fame,
Le soen engien seit beneeit   2465
Quer en boenes us le despendeit.
N'est philosophe nul tant sage,
Si com je pens en mon corage,
Qui plus soltiment engignast
Que cil son aveir recovrast."   2470
"Beals fiz, li philosophe sunt
Par le clergie que els ont
Plus engignnos naturelment
Que ne puent estre autre gent."
"Par fei, pere, ce cui ge bien,   2475
Or m'en distes aucune rien
Qu'aucun philosophe engignnast
Qui a si grant profit tornast."

XIV

Filz, un prodom jadis esteit
Qui mout grant entente meteit   2480
En atorner un soen manage
Qui esteit de son heritage.
Quant il fut mort, si fut saisi
Un soen fiz qu'il aveit norri
Qui esteit eir de la meison,   2485
Mes nule autre possession
N'i remest dont il peüst vivre.
Nequedem fort ert et delivre,
Si gaagnout et conquereit
Ce dont sa vie sosteneit,   2490
Quer mout grant mesaise soffrist
153d   Ainz que il sa maison vendist
Ne la voleit a home vendre,
Ja seit ce qu'il n'aveit que prendre.

Un riches hom a pres maneit 2495
Qui mout grant envie en aveit,
Mout par l'achatast volentiers
Et granment i donast deniers
Por la soe creistre et esteindre;
Mes cil ne li voleit pas vendre 2500
Ja puis ne fust huem sis amis
Qu'a vendre li eüst requis.
Li riches hom ert angoissos
Qui mout en esteit coveitos,
Porpensa sei que il querreit 2505
Aucun engien se il poeit
Par quei il aureit l'acheison
De geter le de la meison.
Donc a mis oïle en dis toneals,
Les cinc enpli et fist leals, 2510
Les autres cinc demiz laissa.
Au vaslet vint, si li pria
Qu'une partie li prestast
De sa maison et li gardast
Cez dis toneals en son celier 2515
De si que oïle fust plus chier;
Quer de si la voleit atendre
Que mellor fuer la peüst vendre,
Et por la garde li dorreit
Tant del soen comme dreiz sereit 2520
Et plus oncore que reison
Voudreit il loer la maison.
154a Li vaslet n'out nul mal pensé,
Volentiers li a graanté
De la maison une partie. 2525
Ne sout pas la male veisdie
Del borgeis ne la traïson;
Ouverte li a sa maison
Et cil i a fet aporter
Les dis toneals por lui grever. 2530
Au vaslet les a comandez,
"Ami," dist il, "or les gardez,
Il sunt tuit plein, gardés les bien,

Et volentiers aurez del mien."
"Sire," dist il, "les cles prenez   2535
Et vos meïsmes les gardez."
Li riches hom li respondi,
"Beaus amis, n'ira pas eissi,
En vos n'a point de tricherie;
Gel sai bien et si n'en dot mie   2540
Que ja par vos n'i perdrai rien,
Ges vos comant, gardez les bien."
Cil fu sinple, ne s'aperçut,
Les toneals en garde reçut;
Bien cuidout, mes n'ert pas issi,   2545
Que d'oïle fussent tuit empli.
Quant longuement les out gardez
Li riches hom s'est porpensez
Que son oïle poet bien vendre,
N'i voleit or pas plus atendre   2550
Quer en la contree ert bien chier.
Por le vaslet fist enveier
"Amis," dist il, "bien est saison
154b Desormais que nos regardon
A nostre oïle, quer il m'est vis   2555
Que il n'est or pas si bien pris
Com il ert quant gel vos ballai."
"Sire," dist il, "les cles en ai,
Quant vos plaira si recevrez
Et vostre plaisir en fereiz."   2560
"Amis," dist il, "tu i vendras
O nos et si nos aideras,
Et si auras ton guerredon
De l'aïe et de la meson
Que tu nos as desi ici   2565
Prestee, la toe merci."
Li riches hom fu plein d'envie
Et d'engien et de felonnie,
Plusors genz o sei assenbla
Tot de gré il i mena.   2570
Quant l'avindrent si remuerent
Les dis toneals et esgarderent,

Les cinc en ont trovez toz plains,
Mes es autres cinc en out mains.
Quer coment i fust ce trové   2575
Qui onques n'i aveit esté?
Demiz i furent aportez
Et demiz i furent trovez.
Li riches hom a apelez
Cels qu'il i aveit amenez;   2580
"Seignors," dist il, "entendez!
Vez quel leauté et quel fei
Je ai trouvé en cest vasal
Que l'en teneit por si leal.

154c Par fei, grant larrecin a fait   2585
Qui de cez cinc toneals a trait
Demi l'oïle qui i ert mis,
Et encor plus, ce m'est avis,
Car par fei toz plains les baillai.
Or gardez que je en ferai.   2590
De tel chose ne sai que faire,
Mal est a dire et mal a taire;
Il est mon plus prochein veisin,
Mes se je ceil le larrecin
Desque justise se saureit,   2595
Mon cors et mon chatel prendreit,
Et je, seignors, par fei n'ai cure
De metre m'en en aventure."
Ou li vaslet vousist ou non,
Le geta fors de la maison;   2600
Devant justise l'amena
Et de son oïle se clama.
Dist que par lui perdu l'aveit
Et que fel et lerre en esteit.
Cil fu malement entrepris,   2605
Quer povres hom a poi amis;
N'out qui vousist por lui pleidier
Por le riche home corrocier.
Ne sout que faire en nule guise,
.... que tant pria la justise   2610
...... jor de respit li dona

.... responde au mielz qu'il porra.
En la cité ert sejornanz
Uns philosophe mout vallanz,
Boens clers ert et de bone vie ;   2615
154d Grant recovrier et grant aïe
Par la cité en lui aveient
Cil qui desconseillié esteient.
Et por ce ert il apelez
'Aïe as desconfortez.'   2620
Tot le pople issi l'apelout
Por ce que as chaitis aidout.
Cist ne sout allors ou aler,
Au philosophe ala parler.
"Sire," dist il, "por Dieu merci,   2625
Se ce veir est que j'ai oï
De tei que ce est ton mestier
Des desconseilliez conseillier,
Et por ce est tu apelez
'Aïe des desconfortez',   2630
Donc me deiz tu por Dieu aidier,
Quer certe j'en ai grant mestier.
Por amor Dieu te cri merci,
Quer acusé sui tot issi."
De chief en autre li conta,   2635
Et li prodom li demanda
Se ce ert a tort ou a dreit
Que de l'oïle acusez esteit.
Li vaslet sor sainz li jura
Que il nules copes n'i a ;   2640
Li philosophe en out pitié,
Mout l'a conforté et haitié.
"Ami," dist il, "n'aies poor,
Demain ert come diz ton jor,
Seürement iras au plai   2645
Et se Deu plest, je i serai,
155a Et ta verité secorrai
Et a lor fauseté nuirai.
Ta parole metras sor mai,
Et si Dieu plest en cui je crai,   2650

Je t'en ferai quite venir
Et els por trichierres tenir."
Li vaslet fu aseürez;
Lendemain est au plai alez
Et li philosophe i ala; 2655
La justise bel l'apela,
Tuit encontre lui se leverent
Et comme dreiz ert l'enorerent.
Li riches hom fu apelez
Et cil qui esteit acusez. 2660
"Seignors," dist la justise, "or dites
Et si vos orra cist hermites
Qui plus seit que nos ne savon
Et jugera selonc raison."
Li riches hom conta son conte, 2665
Li vaslet out poor et honte;
Li philosophe l'esgarda,
Vers la justise se torna,
Oiant toz li a demandé
S'enquerre en veut la verité. 2670
"Sire," ce respont la justise,
Mien voel en sereit ele enguise;
Enquier la sire a ton talent
Puis seit sor tei del jugement."
Li philosophe a respondu: 2675
"Or seient li tonel veü,
Faites les nos ci aporter
155b Et sis nos faites mesurer;
Tot avant icez cinc toneals
Que cist trova pleins et leals, 2680
Aprés referon mesurer
Et l'espés oïle et le cler
Qui en icel cinc iert trovez
Dont li oïle deit estre emblez;
Et quant nos mesuré l'auron 2685
Se ce est que nos trueisson
Espés oïle tout autretant
Come es autres cinc devant
Qui pleins sunt, idonc ne dotez

Que li oïles ne seit emblez ;   2690
Et se nos atant en venon
Que de l'espés oïle puisson
Mout meins en icels cinc trover
Selonc la quantité del cler,
Donc sachiez, si nel dotez mie,   2695
Que cist demande tricherie,
Ne que point d'oïle n'a perdu
Ne n'en deit estre respondu."
Cil oïrent le jugement
Et virent tot apertement   2700
Que partot diseit verité
Et que ce ert grant leauté.
Donc fist la justise aporter
Les dis toneals et mesurer,
Coneüe fu la veisdie   2705
Del riche home et la tricherie.
Si a gage et merci doné
De ce qu'a tort s'esteit clamé.
155c Li vaslet quite s'en ala,
Le philosophe mercia   2710
Qui si bel et si bien l'aveit
Geté del blasme ou il esteit.
Li philosophe li a dit,
"Beals doz amis, il est escrit
Que qui maison deit achater   2715
Que tot avant deit esprover
Et saveir bien quels teches a
Son veisin qui aprés maindra."
"Sire," dist cil, "ce est raison,
Mais ainz eümes la maison   2720
Que cist mainsist el veisiné."
"Beal frere, et il est comandé
Que l'en la vende tot enfin
Ainz que maigne pres tel veisin."
Ce dist li fiz, "mout ert vallanz   2725
Li philosophe et savanz,
Et par raison ert apelez
'Aïe des desconfortez'."

"Beals fiz, onquor te veil conter
D'un autre dont oï parler   2730
Qui par grant sens refist aveir
A un povre home son aveir."

XV

Uns riches huem jadis esteit
Qui dedenz un sac mis aveit
Mil besanz d'or que il portout   2735
A un chastel ou il alout.
Metre les voleit en tresor,
Et un serpent mout bel tot d'or
155d Aveit mis ovec les besanz,
Dont li sas esteit plus pesanz.   2740
Malvesement l'aveit trossé
Si l'a en la vaie adiré
Mes ne sout ou il l'adira.
Uns povres huem i trespassa,
Trové l'a, si l'en a porté   2745
Et a sa fame l'a livré.
"Sire," dist ele, "or le gardon,
Quant Diex nos en a fait le don
Qui en saveit nostre mestier
Lui en puisson nos gracier."   2750
Quant li riches hom s'aperçut,
Isnelment au prevost corut,
Crier li fist par la cité
Que qui cel sac aureit trové
Que il le rende sanz forfait,   2755
Sanz acheison, et sin ait,
Mout volentiers et de boen gré,
Cent besanz por sa charité.
Quant cil trovez les aveit
Oï que cent besanz aureit   2760
Por rendre les, mout s'en fist lié
Que tant en aureit sanz pechié.
A sa fame en ala parler,
Mes el nel vout pas graanter.

"Sire," dist el, "grant tort avez,   2765
Dex le nos dona, ce savez;
Se le plaisir Damedieu fust
Que cil qui perdi les eüst,
156a Nes eüst nient adirez.
Ne vos nes eüssez troves."   2770
"Dame," dist il, "ce n'i a mie,
Ja ne feron tel felonnie,
Ja si grant pechié ne feron
Que l'autrui aveir retenon.
Se cent besanz poon aveir   2775
Sanz pechié, ce saciez de veir,
Miez nos vaudront que ne fereient
Les mil se il nos remaneient
Com vos retenir les volez,
Ne place Dieu. Alez! Alez!   2780
Balliez les mei et sis rendon
Et cent sanz pechié en auron."
Cele se commence a desver,
Et cil se commence a haster,
Vousist ou non li a livrez,   2785
Et cil les prent, sis aportez
Au prevost tot veant la gent,
Puis a demandé les suens cent.
Li riches hom les a contez
Quant il out esté apelez,   2790
Toz les i trova lealment
Et tot enterin son serpent.
Liez fu de ce que l'aveir out,
Mes estrangement li pesout
Des cent que aveir en deveit   2795
Cil qui les autres li rendeit
Porpensa sei qu'il li toudreit
Par aucun engien s'il poeit.
156b Li povres hom li demanda
Et cil s'estut, si l'esgarda.   2800
"Amis," dist il, "mout as bien fait
Que tant nos en as avant trait,
Or rent le sorplus, puis auras

Tes cent besanz, ja n'i faudras."
"Seignors," dist il, "sachiez de veir   2805
Que je n'ai pas tot mon aveir;
Un autre tel serpent en faut
Qui graindes est et qui mielz vaut
Que ne fet cist qu'il m'a rendu,
Le graignor en a retenu."   2810
Quant li povres hom l'entendi,
"Seignors," dist il, "por Dieu merci,
Si m'aït Dex, plus n'i trovai,
Ce sachiez, que rendu li ai."
Li povres hom s'escondiseit   2815
Et jurout et se maldiseit
Que il n'i aveit plus trové
Et il se diseit verité,
Mes qui chaleit assez trouvout
Qui laidisseit et acusout;   2820
Tuit o le riche se teneient
Et li povre home ladisseient,
Quer costume est et a esté
Tozdis que l'en het povreté
Et que richece est sohaucee   2825
Et povreté par tot plaissee.
Mout ont le povre esboé,
Devant justise l'ont mené.

156c La justise mult l'acusa,
Mout le destreint et maneça,   2830
Li povres hom l'escondiseit,
Mais qui chaut rien ne li valeit,
N'aveit qui li vousist aidier
Ne qui por lui osast plaidier.
Tant fu la parole esmeüe   2835
Que devant le rei est venue,
Li reis manda a la justise
Que cele parole fust mise
Devant lui, quer oïr voleit
Quin eit le tort et qui le dreit.   2840
La justise li a mené
L'acuseor et l'acusé

Et tot l'aveir i fist porter,
Et li reis a fet demander
Un philosophe qui maneit   2845
En la cité ou ce esteit;
Comanda li que il oïst
Cele parole et enquist
A son poer la verité
Et en ourast o lealté.   2850
Li philosophes escouta
Come li riches hom acusa
Le povre home de son serpent,
Et aperçut le marement
Que li povres hom en aveit   2855
Qui en plorant s'escondeseit.
Pitié en out, si l'apela,
Priveement li demanda
156d Se cel serpent aveit trové
Coneüst l'en la verité,   2860
Et il l'en aidereit si bien
Que ja n'i perdreit nule rien
Et tot quite aler l'en fereit
Et le serpent li remeindreit.
"Sire," dist cil, "por Dieu merci,   2865
Ce seit Diex que tot li rendi,
Tot l'aveir quanque g'en trovai,
Rien n'en retinc ne rien n'en ai."
Li philosophe s'en torna
Vers le rei, si li demanda,   2870
"Sire," dist il, "voleiz saveir
Que vos fereiz de cest aveir.
Je en ferai mon escient:
Ja en dreit leal jugement
Cist riches hom que ge vei ci   2875
N'a, ce m'est vis, nul malvais cri.
Boen los li oï ici porter
A toz cels qui g'en oï parler;
Por ce si cui et bien le crei,
Selonc ce que g'en oï et vei,   2880
Que en lui a tant sens et bien

Que il ne demandereit rien
Dom il quidast pechié aveir
Ne blasme entre gent receveir.
De l'autre part certes je crei   2885
Que cist povres hom que ci vei
A lealment l'aveir rendu
Et que rien nen a retenu.
Si vos dirai parquei jel crei:
157a Se il fust malvés hom de sei,   2890
Tot le celast et retenist,
Ne ja certes rien n'en rendist."
Et li reis li a respondu,
"Sire, or nos di qu'en juges tu,
J'en ferai quanque tu voudras   2895
Et quantque tu en loeras."
"Sire," dist il, "l'aveir prendras,
En salvegarde le metras
Tant que aucuns vienge avant
Qui l'aveir seit et quil demant;   2900
Quer je vei bien, c'en est la somme,
Que il n'est pas a icest home.
Ne pas n'est ci, ce saches tu,
Cil qui cest aveir a perdu.
Au povre home qui l'a trové,   2905
Qui mout a fet grant lealté
De ce que il a coneü,
Ses cent besanz soient rendu;
Pramis li furent, si fereit
Mal et pechié qui li toudreit.   2910
Cist riches hom face crier
Par cele vile et demander
Se dous serpenz que perduz a,
Et, si Dex plest, sis trovera."
Li reis oï le jugement,   2915
Mout plout a lui et a sa gent,
Et dist que eissi le fereit
Com li philosophe diseit.
157b Mes quant li riches hom l'oï,
"Boen rei," dist il, "por Dieu merci,   2920

Si m'aït Diex, l'aveir est mien
Et si ne m'en faut nule rien,
Mes je diseie neirement
Que perdu aveie un serpent.
Chier sire, certes je menteie,   2925
Mes par traïson le diseie
Por ce que voleie tolir
A cel povre homme et retenir
Les cent besanz qu'aveir deveit
Por le sorplus que il rendeit."   2930
Li reis qui de bon aire fu
Li a tot son aveir rendu,
Mais que cent besanz fist aveir
A celui qui rendi l'aveir.

"Pere," dist le fiz, "je vei bien   2935
Que clergie est sor tote rien;
N'est engien, ne sens, ne veisdie,
Qui puisse trespasser clergie.
Par grant engien le secori
Le philosophe et li rendi   2940
Les besanz que perdu eüst
Sanz recovrier se il ne fust."

XVI

Bealz fiz, cist philosophe aveit
Un soen clerc que il apreneit;
Mout li amonestout sovent   2945
Qu'il ne s'acompaignast nient
O home qu'il ne coneüst
Ne sen familier ne fust.
157c Et se par aventure errast
Et home o lui s'acompanast   2950
Qui son eirre li enqueïst,
Gardast que il ne le deïst
Conbien loign il aler deüst,
Se devant ce nel coneüst;
Ainz fainsist que plus loing ireit   2955

Que son proposement n'aveit;
Et se lance ovec sei portast
Devers la destre part alast,
Se espee laissast la a destre,
Si se tornast devers senestre.   2960
Et encor plus li enseignout
Que quant ce ert que il errout
Que por les noveles gardast,
Que les viez veies ne laisast,
Quer se les viez ne sont si beles   2965
Ne si cortes com les noveles,
Si fait tel hore est mieldre aler
Seveals por crieme d'esgarer.
Dist li fiz, "ce est verité,
Or me sui d'un eirre amembré   2970
Qu'a une cité faision,
Je et mi autre compaignon.
Loinz estion de la cité
Et si esteit bien avespré
Que le soleil ert resconse   2975
Et nos etion tuit lasse.
Lors veïmes une sentele
Qui mout nos senbla dreite et bele,
157d Et avis nos fut que plus dreit
Que le grant chemin nos merreit 2980
Et mout plus tost a la cité,
Mes n'en savion verité.
A un vellart que nos trovames
La verité li demandames;
Et il nos dist que la novele   2985
Esteit mout plus dreite et plus bele
Et mout plus corte de grant fin
Que ne n'esteit le grant chemin.
Mais mout ainceis,' dist il, 'vendreiz
A la cité, ja n'i faudrez,   2990
Se vos le grant chemin tenez
Que se par la sentele alez.'
A mout grant folie tenïmes
Tel parole quant nos l'oïmes,

Le grant chemin del tot laissames   2995
Et a la sente nos tornames;
N'eümes pas longues erré
Que nos fumes si esgaré
Ne seümes quel part aler.
Tote nuit nos estut foler,   3000
Primes deça et puis dela.
Onques tant com la nuit dura
Ne finames ore desrer,
Ne devant ce que jor fu cler
Ne venimes a la cité.   3005
Si savion de verité
Qu'anceis mienuit i fusson
Se le grant chemin tenisson."
158a "N'as tu," ce dist li pere, "apris
Que mieldre aler a Paris   3010
Fait par laide veie et par grieve
Que en enfer par bele et brieve?"

XVII

Beal fiz, encor entent a mei,
Se huem s'acompaigne ovec tei,
Feelment l'aime et sanz boisdie   3015
Et li tien leal compaignie,
Qu'il ne t'en aveinge autresi
Comme jadis conter oï
Qu'a deux borgeis ert avenu.
Li borgeis erent esmeü   3020
Por aler en pelerignage,
Un vilain mout cointe et mout sage
En lor compaignie se met;
A Mech en vont a Mahommet
Et furent compaignon tuit trei   3025
De la despense et del conrei.
Or lor avint un jor eissi
Que tot lor vivre lor failli,
Fors qu'un poi de ferine aveient,

Dont un sol pain faire poeient,   3030
Et mout petit en fust li pains,
Tex quatre en menjast bien li vileins.
Li dui borgeis s'en esmaierent
Et la nuit entr'ex conseillerent,
Que le vilain fors partireient,   3035
De la ferine s'il poeient.
Ce dist li uns, "quel la feron?
Nos avon ci tel conpaignon
158b Qui deables quiz mengereit,
Veire, toz cruz s'il les aveit.   3040
Un petit de ferine avon,
Et se nos l'en abandonon
Le pain quant fait l'auron et cuit,
Il en mengereit bien tex uit
Si la saudra de tel randon   3045
Que ja ne nos en sentiron."
Dist li autres, "quer en pensez
Et aucun engien porpensez
Que sa part tolir l'en puisson
Et que par nos dous l'eüson."   3050
"Par fei," dist cil, "jel vos dirai
Le mellor conseil que g'en sai ;
Nostre ferine pestreron
Et quant le pain mollé auron
Cuire le lairron par leisir,   3055
Puis nos cocheron a dormir.
Endementres que il cuira,
Et cil de nos treis qui veirra
Graignor merveille en son dormant,
Si face del pain son commant ;   3060
Et quel que seit veir ou mençonge
L'un de nos feindra tel songe
Par quei li pains nos remaindra.
Que ja li vilains nel saura
Par bel mentir devers sei traire ;   3065
Ne set nient de tel afaire,
Quer plus est enturle et enchoistre
Qu'un moigne norri en cloistre.

158c Issi l'ont il dui esgardé
Puis l'ont au vilein devisé,   3070
Et li vileins lor respondi
Que bien le graantot issi,
Quer de rien nes contrediseit,
Mes mout volentiers le serveit.
Ne nule feiz nes corroceit   3075
Fors sol d'itant que trop menjout.
La farine li font passer
Et le pain cuire et atorner,
Puis le lessent cuire a leisir,
Si sont couchiez a dormir.   3080
Li vilains s'est o eus couchiez
Qui bien s'esteit avesdiez
Que del pain le fors partireient
Par lor songes se il poeient.
D'en dormir sei fist grant semblant,   3085
Mes ne dormi ne tant ne quant,
Et Diex li a fet tel merci
Que li autre sont endormi.
Quant il les vit bien endormiz
Ne fu ne fol ne esbahiz,   3090
Tot belement au feu s'en vait
Ou li pains ert, si l'en a trait.
Fust cuit ou cru, tot le menja,
Onques del cru point n'en geta.
Puis est arrere repairiez,   3095
Joste les autres s'est couchiez;
Ne dormit pas, ainz escouta
Li uns des borgeis s'esveilla
158d Et apela son conpaignon.
"Compainz," dist il, "ma vision   3100
Vos veil conter que veü ai."
"Dites," dist cil, "puis redirai."
"Par fei," dist il, "il m'ert avis
Que dui angre de pareïs
Les portes deu ciel entr'ovreient,   3105
Et ceus aval descendeient
De si que ici a mei veneient,

Et entre lor braz me preneient;
Devant Damedieu me meteient
Et grant joie de mei feseient."   3110
Dist li autre, "ci a bel songe,
Mes ne tenez pas a mençonge
Le mien quant vos l'aurez oï.
Il m'eit avis tot autresi
Que dui angre ceus veneient   3115
Qui entre lor braz me preneient,
La terre encontre els s'aovreit,
Les angres et mei receveit,
Et il o tot mei i entroent
Et jusqu'en enfer me portoent."   3120
Dist li autres, "estrangement
Avon songié diversement,
Stranges dous songes a ci
Onques mes nus tex n'en oï."
Li vilains qui tot ce oeït   3125
Faiseit senblant que il dormeit,
Esveillé l'ont et il saut sus
Mout effreez et mout confus.
159a   Senblant fist que grant duel aveit
Si demanda que ce esteit.   3130
Cil respondent, "ci compaignon,
Lieve sus, bien en est seison."
Et li vilains a respondu,
"Estes vos donc ja revenu?"
"Ou estion nos donc alé   3135
Dont deion estre retorné?
Onques puis plein pié nen alames,
Ne de ci ne nos remuames."
Ce dist li vileins, "tel n'oï,
Donc fu ce songe que je vi;   3140
Quer par fei il me fu avis
Que ça vindrent de pareïs
Dui angre qui l'un de vos pristrent
Et devant Damedieu le mistrent.
Aprés revindrent par ici   3145
Dui autre, se je ne mesvi;

La terre lor vi entreovrir
Et celui qui remest saisir,
Desi en enfer le porterent,
Onques puis ça ne retornerent.   3150
Quant je vi ce, si fui desvez,
Que si vos aveie adirez,
Quer n'oi atente ne espeir
De nul de vos jamés veir.
Au gastel qui coeit alai,   3155
Deu feu le trais et sil menjai,
Auques ert cruz, mes que chaleit.
Trestot le cors me fremisseit
159b   De poor que ne repairessent
Li dui angre qui m'en portassent;   3160
Par la crieme que g'en aveie
Me hastoue quanque poeie."

"Pere," dist li fiz, "mout sui liez
Que si fu li vilains vengiez;
Le baston aveient coilli   3165
Por lui batre et il les bati,
La soe chose li quiderent
Tolir et la lor li doneirent;
De lor engin les enginna
Et dedenz l'angle les mata,   3170
Ou mat le quiderent tenir,
Et ce lor dut bien avenir.
Quer qui d'autre engingnier se paine
Sor lui en deit torner la paine;
Ci est bien le proverbe apert   3175
Que qui tot coverte, tot pert.
Tot covertierent, tot perdirent,
Tot voudrent prendre, a tot fallirent.
Itele est de chiens la nature
Qu'il s'entretolent lor pouture,   3180
Et quant li borgeis ce faiseient
Que lor nature guerpisseient
Por nature de beste prendre
Ja ne deüssent ce atendre.

Mais la nature del chameil 3185
Don l'un a l'autre est si feel
Que ja li uns ne mengera.
Tant com li autres junera.
160a Et quant l'en lor done provende,
N'i a cel qui la boche i tende 3190
De si que tuit ensenble i tendent,
Bien et leaument s'entr'atendent.
Quer se els veient deshaitier
L'un d'els qu'il ne puisse mengier,
Ou d'iluec l'estovra oster, 3195
Ou toz les estovra juner."

XVIII

"Filz," dist li peres, "or laisson
D'els la parole et d'el parlon ;
Ne seies nient mesfesanz,
Ne envios, ne mesdisanz, 3200
Ne ton compaignon ne blasmer,
Ne de crime ne l'acuser,
Qu'il ne t'avienge autresi,
Comme jadis conter oï,
Qu'a un jugleor en avint 3205
Que a la cort a un rei vint.
Li reis selonc ce l'apela
Que il esteit en henora,
Et tuit cil qui o lui esteient
L'enorouent com il deveient. 3210
Uns autres est aprés venuz,
Qui de la cort ert coneüz,
Por ce que plus en ert privez,
Fu mielz et plus bel apelez
Et en graignor chierté tenuz 3215
Que cil qui primes ert venuz.
Por ce qu'il erent d'un mestier
Les mist l'en ensenble a mengier ;
Mes cil qui vint primierement

160b Out envie et grant marrement   3220
Que li reis plus bel apelout
Et teneit chier et henorout
Celui qui puis venuz esteit.
Porpensa sei qu'il li fereit
Une honte se il poeit   3225
Par quei il le desjuglereit;
Por gloton le fereit tenir,
Et mielz nel porreit il honir
Ne envers la cort aviler.
Donc comença a aüner   3230
Les os qui en la char esteient
De toz les mes qui li veneient
Une grant masse en aüna
Et en son devant les mucha.
Vers la fin del mengier les prist,   3235
Devant son compaignon les mist,
Quant devant lui les out tornez
Si s'est oiant toz escriez.
"Sire rei," dist il, "mal feïstes
Quant o tel home m'aseistes;   3240
N'est pas de char mengier restis,
Bien a de ceste sa part pris.
Or esgardez quele asemblee,
Tote a de ces os delivree
La char dom il erent vestuz,   3245
Laissiez les a maigres et nuz."
Li reis entr'avers les garda,
Onques nul mot ne li sona
Mes cil qui acuser s'oï
Isnelement li respondi.   3250
160c "Sire," dist il, "or m'entendez,
Ne dei nient estre blasmez
Se de la char assez mengai
Quant les os seveaus en lessai;
Quer selonc humaine nature,   3255
La char mengai, des os n'oi cure;
Mes cist miens compaigns a bien fait
Ce ou sa nature le trait,

Quer char et os a tot mengié,
Ne vei que rien i ait lessié."   3260
Atant se tout, et la huee
Est par cele sale levee,
Tuit ont li lecheor hué
Qui l'autre aveit primes blasmé.
Honte out et si fu a boen dreit   3265
Quer porchacee la s'aveit,
Et a mal chief en deit venir
Qui se peine d'autre honir.

"Filz," dist li pere, "encor entent,
Tu deiz henorer tote gent   3270
Et maesement deiz amer
Sor tote gent et henorer
Cels qui sont mainz vallanz de tei
Et doner lor se tu as quei.
A riche home est trop vilein vice   3275
Que il seit blasmé d'avarice,
Grant honte est et trop laide chose
Que dedenz lui se seit enclose,
Et bele chose est quant corage
160d Ameine en home d'estre large.   3280
Filz, se tu chiez en povreté,
N'en deiz a Dieu saveir maugré,
Quer maint fet povre devenir
Por miel aveir et pies guerpir.
Si l'en deiz de boen cuer loer,   3285
Neient reneier, ne blasmer;
Ne ja mar orgueillos seras
De grant richece se tu l'as,
Quer mout l'auras tost adiree
Se cil veut qui l'a t'aprestee.   2390
Si ne te chaut de coveitier
Fors tant dont tu aies mestier;
Quer qui d'aveir est coveitos,
Com plus a, plus est angoissos
De plus atraire et aüner,   3295
Ne s'en puet onques saoler.

Mout se met cil en male peine
Qui d'aveir aüner se peine,
Ne nuit ne jor n'est a leisir,
Dous tormenz li estuet soffrir :   3300
Por crieme de perdre veillier,
Et pour aüner travallier."

XIX

Filz, encor te veil chastier
Qu'autrui chose ne coveitier,
Ne ja mal trop grant duel feras   3305
Quant la toe chose perdras ;
Quer bien seiz que par doloser
Ne porreies rien recovrer.
Un païsant jadis esteit
161a   Qui un bel vergier aveit,   3310
De divers arbres ert plantez,
Et si i aveit amenez
Les ruisseaus qui par mi coreient
Des fonteines qui pres esteient,
Et en iver et en esté   3315
I aveit vert herbe a plenté
O les flors qui soef oleient
De divers fruiz qui i creisseient.
Por la grant deletableté
S'i aünoent en esté   3320
Tuit li oisel de la contree.
Au matin et a la vespree
I oïssez tel chanteïz :
L'un chantot bas, l'autre o hauz criz,
Mout s'i faiseit boen arester   3325
Por les divers chanz escouter
Que li oiselet i chantouent
Qui de par tot s'i aünouent.
Un jor en son vergier entra
Cil qui il ert et se coucha   3330
Sor la fresche herbe a reposer,

Et comença a escouter
O grant entente et o grant cure
Les douz chanz et l'enveiseüre
Que li oselet demenoient   3335
Qui el vergier se delitoient.
Un petit oiselet seët
En l'arbre soz que cil geseit,
Qui si tres doucement chantout
161b   Que li vilains qui l'escoutout   3340
Ne s'en queïst jamés partir
Se toz tens le peüst oïr.
Quant il out le chanter lessié,
Li vilains a aparellié
Un petit laçon, si l'a mis   3345
La ou l'oeselet aveit sis.
Li oiselet ne se garda
Del laçon quant il repaira,
Pris fu et li vilains salli,
En l'arbre monta, sil saisi.   3350
Et li oiselet li a dit,
"Vilains," fait il, "se Dex t'aït,
Que cuides aveir gaagnié?
Por quei t'ies or tant travallié
En prendre mei? Si grant traval   3355
N'i est pas saus, quer petit vaal;
Volentiers voudroie saveir
Quel prou tu i cuides aveir."
Dist li vilains, "jel te dirai,
En une cage te metrai,   3360
Iluec te veil oïr chanter
Quer el n'i quer ge conquester."
Ce dist l'oisel, "ne place a Deu
Que je ja chant en itel leu;
Ne por doner, ne por prametre,   3365
Ne me porreit nus a ce metre,
Que ja de mei oïst chançon
Tant com je seroie en prison;
Ja certes mot ne sonerai
De si qu'a mon talent irai."   3370

161c   "Par ma fei," ce dist li vilains,
     "Je te metrai fors de mes mains,
     Mes ne riras pas el vergier,
     Ja ne t'i lairai repairier,
     Quer par fei je te mengerai."   3375
     "Et tu comment?" "Je te cuirai."
     "Cuiras?" "Veire, en eve ou en rost."
     "Mout en seras delivré tost,
     Quer quant en l'eve m'auras cuit
     Tu en metreies bien tels uit   3380
     En ta boche come je serai;
     Et au rostir mout defendrai
     Le mengier n'ert ne boen ne bel
     Qui sera fet de tel oisel.
     Mes se tu me lesses aler,   3385
     Si me porras oïr chanter
     Et autre profit i auras,
     Donc toz jorz mes miedre seras."
     "Quel profit?" ce dist li vilains,
     "Bien en veil estre anceis certains."   3390
     Dist l'oiseleit, "gel te dirai,
     Tres manieres de grant sens sai
     Que je t'aprendré, jel t'afi,
     Des que partiz serei de ci;
     Et mielz te vaudront a oïr   3395
     Se tu les veuz bien retenir
     Que treis gras veals ne fereient
     Se cuit a ton mengier esteient."
     Il li afie et cil le lait,
     Li oiselet grant joie fait,   3400
     Desus un arbre s'est asis,
161d   Rendre veut ce qu'il a pramis.
     "Vilain," dist il, "entent a mei;
     L'un des sens qu'aprendre te dei
     Est tels que tu ne creies pas   3405
     A toz les diz que tu orras.
     L'autre si ert que tu auras
     Ce que toen ert, ja n'i faudras.
     Le tierz que ne deiz pas plorer,

Ne ne te deiz desconforter 3410
Se perdu as aucune rien.
Or as tes treis sens, sis retien!"
Quant ce li out dit l'oiselet
En une branche amont se met,
O douz chanz commença a dire, 3415
"Vilain," dist il, "Dex nostre sire
Seit hui loëz et graciez
De ce qu'eissi ies enginniez
Et que si as le sens perdu.
Quer si tu eüsses veü 3420
Dedenz mei quant tu me tenis,
Riches fusses mes a tozdis,
Quer une pierre preciose
I trovasses mout merveillose
Qui apellee est jacintus, 3425
Une once peise bien ou plus.
N'a soz ciel tresor qui la valle;
Mes qui chaut? Por nient se travalle
Hom qui n'a sens de retenir
Donc sanz travail puisse garir." 3430
Quant li vilains a ce oï,
Ses dous poinz ensenble feri,
162a Des oilz plore et deu cuer sospire,
Son piz bat et ses cheveus tire
Grant duel a por nient acoilli 3435
De ce que l'oiselet creï.
L'oisel l'esgarde, si s'escrie,
"Vilain," dist il, "Dex te maldie,
Mout as or tost en obli mis
Le sens que je t'aveie apris. 3440
Ja t'apris je que fous fereies
Se totes paroles creies,
Et creiz tu or donc par ta fei
Que il ait pierre dedenz mei
Ou il ait une once pesant 3445
Quant je trestot ne peis pas tant.
Encor t'aprisie autre sens,
Mes trop l'as oblié par tens,

Que ne deiz duel por perte fere.
Or te vei tes cheveus detrere   3450
Tes poinz tuerdre et forment plorer.
Maus lous te puissent devorer
Qui plores que tu as perdu
Ce qui n'est ne onques ne fu.
Plus n'a il pierre dedenz mei   3455
Que chauvesoriz dedenz tei."
Quant le vilain out mout laidi
Li oiselet et escharni,
Chantant s'en torne, sil laissa,
Puis nel vit ne donc nel baisa.   3460

"Pere," dist li filz, "fous esteit
Li vilain quant il duel faiseit
_162b_ De ce que il aveit perdu
Ce qu'il onques n'aveit eü."

XX

Beals fiz," dist li pere, "or m'entent,   3465
Ce que tu tienz presentement
Ne deiz pas lessier ne guerpir
Por chose qui est a venir.
Quer par aventure atendreies
Tant que l'un et l'autre perdreies,   3470
Et t'en avendreit autresi
Com a un lou qui deguerpi
Por ce que nul bien ne li fist
Beals bués c'un vilein li pramist.
Li vilains ert a sa charrue   3475
Par les manchons l'aveit tenue
Trestot le jor sanz compaignie,
N'i aveit eü autre aïe,
Ne qui la charue tenist,
Ne qui les boés li semonsist;   3480
Il meïsmes les semoneit
Et il meïsmes la teneit.
Les bués erent gras et rogné

Qui bien esteient aforré;
Par orguil de la veie esseient 3485
Et entort arer le feseient,
Dous orgueillos en i aveit
Par quei ses jornees perdeit.
Par mal talent et par grant ire
Les commença mout a maldire, 3490
162c Et Deu orer et a prier
Que maus lous les peüst mengier.
"Samin," dist il, "et vos Marçuel,
Fait m'avez icest jor grant duel
Et je vos ai a Ysengris, 3495
Le compere Renart, pramis;
Et il vos ait, quer ma jornee
M'avez hui tote anientee."
Ysengrin ert en un buisson,
La pramesse oï et le don. 3500
Entre ses denz dist belement
Qu'il les receit mout bonement,
Mout soavet l'en mercia
Et jure Dieu qu'il les aura.
Quant li vileins out afinee 3505
A quelque paine sa jornee,
Ses bués deslie, si s'en vait,
Et Ysengrin saut de la gait;
Le vilain suit, si li escrie,
"Vilain," fait il, "Dex te maldie, 3510
Por quei prenz tu mes bués, por quei?
J'en i ai dous lessé les mei.
Tus me prameïs et donas,
Voilles ou non les me lairas."
"Par fei," dist li vilein, "jel dis 3515
La parole, mes je n'en fis
Ne fiance, ne serement,
Si en suirai bien jugement."
162d "Quel jugement?" dist Ysengris.
Desque il me furent pramis, 3520
Si est ce legier a saveir
Que par reison les dei aveir."

Dist le vilein, "je nel crei pas,
Ja sanz jugement nes auras."
Dist Ysengris, "pas nel refus   3525
Le jugement, quer el desus
Par dreit jugement m'en metras
Quant la pramesse quenoistras."
Come il vont jugement querant
Estes lor vos venu devant   3530
Renart, le compere Ysengris,
Qui saveit les leis del païs,
Les costumes, les jugemenz
Et toz les establissemenz.
"Renart," ce li dist Ysengris,   3535
"Cist hom a mout vers mei mespris,
Quer ces douz bués que tu veiz ci
Me pramist, si que je l'oï.
Or si les me veut retolir,
S'en alon jugement oïr."   3540
Ce dist Renart, "por dreit nient
Ireiz querre allors jugement,
Quer leal jugement ferai
Des paroles que je orrai.
Mes tot avant veil essaier   3545
Se je vos porrai amaisier
Sanz plait et sanz jugement faire.
Et se je n'en puis a chief traire,
163a Si dira chescun sa parole;
Et je ai esté a escole   3550
Et en Boloigne et a Paris
Ou je ai tant des leis apris
Que leel jugement ferai
De voz contes quant ges orrai.
Prodom, parole ça o moi   3555
Et se bien te di, si me croi."
Renart a une part le trait,
"Vilain," dist il, "tu as ci fait
Fole pramesse de tes bués;
Si saches tu que il t'est oes   3560
D'aveir plaideors a talent

Se tu atenz le jugement
Si saches tu ore tres bien
Que se li buef esteient mien,
Ja por plei en cort n'en serreie 3565
Se par d'el mien finer poë.
Se tu me creiz, n'en feras tu,
Quer par jugement sunt perdu
Les bués puis que pramis li as;
Mes se jel veil, ja nes perdras, 3570
Quer se une geline aveie
Et ma fame autre, je fereie
Par mon engien et par mon art
Que petite en sereit sa part.
Afie mei que jes aurai 3575
Et toz quites les te rendrai."
"Sire," dist cil, "jel vos afi."
"Or est bien," dist Renart, "issi.
163b Trai tei ensus, si li dirai
Del mellesme que je saurai. 3580
"Sire Ysengris," ce dist Renart,
"Or nos traion a une part,
Vos et ge, ne vos deit peser
De vostre ami oïr parler."
Renart a une part le tire, 3585
A conseil li a dit, "beau sire,
Vos savez bien que je sui vostre,
Mes le desus n'i est pas nostre;
Quer se le vilain vos pramist
Ses bués, malvais pleges i mist. 3590
Un serement vos en fera
Par itant s'en delivrera
Lui qui chaut se il se parjure;
Encor est ce en aventure,
Quer par le leal jugement 3595
N'en fera il ja serement
Se ne vient avant qui oïst
Que la pramesse vos feïst
Et encor neïs por prametre
Nel deit l'en a serement metre. 3600

Mes jel vos ai tant timoné
Et tant point et agullonné
Que un formage que il a
Grant et merveillos vos donra
Si l'en lessiez ses bués mener   3605
Sanz faire le a plai aler;
Et vos le fereiz liément
Quer mielz vaut itant que nient."

163c Dist Ysengris, "gel graant bien
Quer formage aim sor tote rien,   3610
Mes d'itant veil estre certain
Que il seit grant et de boen grain."
"N'en aiez," dist Renart, "poor,
Il m'a ensengnié le mellor
Et tot le graignor qui i seit   3615
Et je vos i merrai tot dreit.
Entre les poinz le vos metrai
Si Dex plest et vos sin aurai.
Diva vilein," ce dist Renart,
"Va t'en imés, quer mout est tart,   3620
Meine en tes bués au Dieu congié,
Quer li sires a otreié
Que li formage sera pris.
Je sai assez ou tul meïs,
Si li merrei et il prendra   3625
Celui que il miez amera.
Alon sire," dist il, "alon,
Nuit sera quant nos i vendron."
Renart s'en torne et Ysengris
S'est au chemin aprés li mis.   3630
Renart qui gote ne l'amout
Le desvea a quant qu'il pout.
Tant l'amene et desveié
Que il fu tres bien anuitié,
Et que la lune raiout cler   3635
Dont s'en vout Renart delivrer.
A un puiz l'a tot dreit mené
Qui mout esteit parfont et lé.

163d Ysingris fist dedenz garder

Por veier et por aviser   3640
La forme qui tote i pareit
De la lune qui pleine esteit.
"Vez la," dist il, "sire Ysingris
Le formage que vos pramis;
Se vos plest or i entrereiz,   3645
Mengerez le, si m'en dorreiz."
Ce dist Ysingris, "tu iras
Et ça sus le m'aporteras,
Et se tu nel veuz aporter,
Donc m'i covendra il aler."   3650
Amont gardent, si ont veüz
Dous traïtors sus le puiz penduz
As dous chiés d'une esteient,
Et par tel engien i pendeient,
Que quant l'un el puiz avalout   3655
Et l'autre contremont montout.
Li plus pesanz enz se meteit
Et le plus legier en treïet.
Renart por fere au lou ses grez
En l'un des traïtors est entrez,   3660
Dedenz le puiz s'en avala,
Jamés par lui ne resordra;
Mes espeir et atente aveit
Que son compere l'en traïreit.
Renart el puiz se demora   3665
Ysingris desus s'acota.
"Renart," dist il, "ce est ennui
Coment ne t'en istras tu hui?
164a Or m'ennuie ceste demore,
Tu le menjues, or est l'ore."   3670
Ce dist Renart, "vos avez tort,
Se ce ert ma vie ou ma mort,
Si ne me puis ge plus haster
Quer je nel puis sol remuer;
Tant le truis grevos et pesant,   3675
Maudit seit hui qui fist si grant.
Ou ceus aval descendez
Ou ja por mei n'en mengerez."

"Coment irai?" dist Ysingris.
A dist Renart, "comme je fis,   3680
Entrez en cel autre traïtor."
Ysingris n'out son de sejor
Qui auques ert d'aigre corage
Et qui coveitot le fromage.
Dedenz le traïtor s'en entra,   3685
Il fut grant et gros, si pesa.
Delivrement au fonz chaï,
Et l'autre traïtor s'en issi
Ou Renart ert qui meins pesout
A qui le sejor enuiout.   3690
El mi del puiz s'encontrerent,
Mes qui chaut pas ne s'aresterent,
En itel leu a parlement
Ne Renart n'en aveit talent.
"Renart," ce li dist Ysingris,   3695
"Je vei bien que tu me guerpis;
Retorne, si feras que sage,
Bone part auras del formage."
164b   Ce dist Renart, "je n'en ai cure,
La croste m'en sereit trop dure,   3700
Et je vos sai auques a glot.
Si veil que vos le mengiez tot."
Quant Renart fu sor l'or del puiz,
Del traïtor s'en est fors sailliz;
Le lou dedenz le puiz laissa,   3705
Or s'en isse quant il porra,
Quer Renart est a seche terre
Qui mes de mais nel vendra querre.
Or puet beivre, se il a sei,
Renart s'en veit sanz son convei.   3710

Ce dist li filz, "cil n'ert pas sage
Quant l'i laissout por le fromage
Donc aveiement ne saveit
Les bués que devant sei veit,
Quer estre tot l'autre damage   3715
Ne n'out il ne beuf ne formage."

XXI

"Encor te chasti ge, bel fiz,
Que ne creies pas a tozdis
Ne d'ome ne prenges conseil
Se leel nel seiz et feel.   3720
Quer se totes choses creeies
En plusors leus t'acopereies
Donc ne resordreies neient
Sanz aveir eü grant marement.

Conter oï ja d'un larron   3725
Qui vint par nuit a la maison
D'un riche home ou il saveit
Que grant plenté d'aveir aveit.
164c Desus la meson s'en monta
Et dreit a la fenestre ala,   3730
Par ou le fum s'en seut issir
Sa teste mist enz por oïr
Et escouter se cil dormeient
Qui dedenz la maison geseient.
Li sires de l'ostel vellout   3735
Par la lune qui cler raiout
Et luiseit dedenz la maison;
Vit bien et conut le larron.
Sa fame belement esveille,
Si li conseilla en l'oreille   3740
Qu'o haute voiz li demandast
Et que grantment l'en enchauçast
Qu'il li deïst d'ou li esteit
Venu cel aveir qu'il aveit.
Cele fist son commandement,   3745
"Sire," dist ele, "estrangement
Me merveil et si veil saveir
Dont vos est venu cest aveir;
Quer me dites la verité,
Coment vos l'avez aüné."   3750
"Dame," dist il, "et vos que chaut?

La merci Dieu, rien ne vos faut,
Si gardez ce que vos avez
Et si faites vos volentez;
Et si ne vos chaut dom je l'aie   3755
Quant nus hom ne vos en a plaie."
"Sire," dist el, "ne monte rien.
Ja n'aurai mes joie ne bien
164d Desique jel sache de veir
Dont vos est venu cest aveir."   3760
"Dame," dist il, "vos le saureiz,
Mes gardez que bien le celeiz;
Je fui lerre si enblaitant
Qu'encore en sui riche et manant,
Mes lessié l'ai, la Dieu merci."   3765
"Certes," dist ele, "tel n'oï,
Merveille fu que par enbler
Peüstes tel chose aüner,
Quer unques n'en fustes retez
Que nos seüsson, n'escriez."   3770
"Dame," dist il, "quer je saveie
Un boen charme que je diseie
Quant je veneie a la maison
Eneslepas montoue enson,
Tot dreit au lovier m'en aloue;   3775
Au rai de la lune clinoe
Qui par le lovier entrout enz,
Et puis diseie entre mez denz:
'Saulens, saulen,' quer tels esteit
Le charme qui mestier m'aveit;   3780
Quer quant seit feiz l'aveie dit
Ne m'estoveit autre conduit
A entrer dedenz la maison;
Tot me i metreie a bandon.
Le rai de la lune enbraçoe   3785
Et aval lui me devaloe,
La vertu que le charme aveit
Desus le rai me sosteneit.
165a Quant je aveie tot enquis
Et quanque je voleie aveie pris   3790

Arriere a mon rai reveneie
Et mon charme autretant diseie
Set feit comme au devaler,
Puis poeie desus monter
Seürement sanz aver mal 3795
Et aler amont et aval.
Desus le rai m'en remontoe
Et o mei ensenble enportoe
Ce que pris aveie en l'ostel,
N'i laissoe ne un ne el 3800
Qui me peüst mestier aveir,
Eissi conquis ge cest aveir."
Ce dist la dame, "or saciez bien
Que cest charme aim sor tote rien,
Mout par sui liee quant jel s'oï, 3805
Quer a mon fiz l'enseigneroi
Des que il sera del eé
Por garder sei de povreté."
"Dame," dist il, "bien est saison
Des huimés que nos nes dormon, 3810
Por Dieu, or me lessiez dormir
Quer ne puis mes les oilz ovrir,
Tant m'a someil pris et plessié."
"Sire," dist ele, "a Dieu congié,
Vos dormez et je si ferai 3815
Quer grant somel ensement ai."
Andui font de dormir senblant
Mes ne dorment ne tant ne quant;
165b Le sires commence a fronchier
Por le larron mieuz desveier. 3820
Et li lerres qui out oï
Le charme, mout s'en esjoï,
Mout i aveit bien entendu
Et mout l'aveit bien retenu.
Bien cuide que il seit verai, 3825
Metre s'en voudra a l'essai.
Quant le charme out set feiz finé
Si est desus le rai monté,
Ne se tint de ça ne de la

Por son charme ou il se fia   3830
Lait sei aler tot a bandon
Et il chiet en mi la maison,
Au chaier prist merveillos quaz,
Et se fraint la cuisse et le braz.
Li sire de l'ostel s'escrie   3835
Comme se il n'en seüst mie:
"Qui es tu la qui chaiez es?
As tu mestier d'estre confés?"
Et li lerres li respondi,
"Je sui li chetis qui creï   3840
A ton charme qui tot ert fable;
Sor toz hommes es decevable,
Or sai bien que tot ce diseies
Por mei traïr que tu veies."

"Beaus filz," dist li pere, "traïz   3845
Fut cist lerres et malballiz
Por ce que folement creï
Les paroles que il oï.
165c   Filz, oncor te veil chastier
Que ne te deiz trop aprimier   3850
De rei qui n'esgarde reison
Et qui fiers est comme lion,
Et qui a enfantil corage
Puis qu'il en a passé l'aage.
Si te garde comme por tei   3855
Que tu ne dies mal del rei,
Quer ainz ses jors en pert la vie
Icil qui en dit vilanie.
Encor te di ge plus del rei,
Que s'il est pechierre de sei   3860
Et il seit soef a la gent,
Dex l'en sueffre plus longuement
Et l'aït por son pueple regner
Qu'il li veit par dreit gouverner,
Qu'il ne fereit sei de son cors.   3865
Esteit nez huem et par defors

Fust au pueple fel et malvais
Qu'il devreit gouverner en pais.

XXII

Bel fiz, oncor entent a mei,
Ne seies pas borgeis au rei   3870
Que tu sauras qui plus despent
Que sa rente ne li consent.
Un rei aveit un soen serjant,
Sage et corteis et bien vallant,
Bien aveit li reis essaiez   3875
Que del secle ert mout ensengniez.
Por son sens et por sa valor
165d Li a fet li reis tel henor
Que la cure li a ballie
Et de lui et de sa mesnie.   3880
Et tot li a mis a bandon
Et son reaume et sa maison,
Que ses despenses ordenast,
Les plaiz de sa terre plaidast;
Totes ses rentes receüst,   3885
Despendist les com li pleüst.
Cil out un frere marcheant
Sages hom et d'aveir manant,
Loing d'icel reaume maneit
Dont sis freres ballis esteit.   3890
Et quant il out oï de veir
Que son frere ert de tel poeir,
De son pais s'est esmeüz
Et la ou il esteit venuz.
Quant il fu pres de la cité   3895
Si a a son frere mandé
Que il veneit; quant cil oï
Mout en fu liez, mout s'esjoï;
Encontre ala mout liément
Et mout le reçut richement,   3900
Et quant il vit que lieus en fu,

A son seignor a coneü
Que sis freire venuz esteit.
Li reis qui l'amout et creeit
Li a maintenant commandé 3905
Que il le tienge en grant chierté ;
Et se retenir le poeit,
166a Retenist le se li pleseit ;
Et il otreiout bonement
Qu'il eüssent communement 3910
Andui la garde et la ballie
De sa terre et la seignorie.
Et s'il n'en veut par aventure
Soffrir la peine ne la cure,
Je li donrai en ma cité 3915
Maisons et terre a grant plenté,
Et si franchement les tendra
Que ja mar servise en fera ;
Et se l'amor de son païs
L'a si commeü et espris 3920
Que il s'en veille arreire aler
Et ci ne voille demorer,
Si faites mon commandement
D'enveier l'en mout richement.
Quant cil a la parole oïe 3925
Le rei humblement en mercie ;
Aprés est a son frere alé
Si li a tot dit et mostré,
Et cil respont mout sagement,
"Bel frere, issi n'ira neient, 3930
Mais se retenir me volez,
Les rentes le rei m'acontez
Et me dites combien i a."
Et cil totes li aconta.
"Bel frere, or me dites avant 3935
Que despent il, par fei, itant?"
Del tot l'en dist la verité,
166b Puis ont entre els dous aconté
Que plus ne meins ne despendeit
Que la rente que il aveit. 3940

"Et puis, bel frere, s'il sort guerre
A vostre seignor de sa terre,
Quer me dites ou il prendra
L'aveir dom il soudeira
Sa mesnie et ses chevaliers. 3945
Iluec estovreit il deniers;
Se ce avient, ou les prendra
Quant il despent quanque il a?"
"Frere, aucun conseil prendrion
Don nos les soudeirion." 3950
"Je sai bien," dist cil, "orendreit
Ou cest conseil revertireit;
S'aveir aveie auques conquis
A lui sereit cest conseil pris.
Bel douz frere, por ce vos di 3955
Que je ne remaign pas ici,
A Dieu seiez vos comandé,
Vis m'est que trop i a esté."

"Pere," dist li filz, "ja de rei
Ne serai privez se je crei 3960
Quant que li philosophe ont dit
Et que il ont mis en escrit."
"Bel fiz, ainz est grant bien a faire
Chose dont l'en puisse a rei plaire."
"Pere," dist cil, "quer me mostrez 3965
Et enseigniez et aprenez,
Se il me covient rei servir,
166c Comment m'estovra contenir
Que je sa grace puisse aveir."
"Filz," dist li pere, "a ce saveir: 3970
Saches que mil choses covient
Dont orendreit ne me sovient,
Mes d'itant com mei sovendra
Et ou aucun profit aura
Te direi ge un poi briément, 3975
Ce n'est le mien enseignement.
Que qui de rei veut estre amez
Gart que toz jorz seit bien membrez,

Quels choses covienent a rei
Et selonc ce contienge sei.   3980
Gart que il puisse estre en estant
De si que seier le comant
Li reis, ne ja mar parlera
De si que mestier en sera;
N'o le rei ne seit longuement   3985
Se il n'en a commandement;
Son conseil sache bien taisir
Et bien se gart del descovrir;
N'ait pas les oreilles covertes
Anceis les ait totes overtes   3990
Por oïr que li reis dira,
Et se rien li comandera;
Et se rien li dit, s'i retienge
Si que au rei ne recovienge
Redire ne sei corrocier   3995
Por sa parole rehercier.

166d Del commandement le rei faire
Seit toz tens prest s'il li veut plaire,
Ne ja mar fera nul senblant
Que rien li griet qu'il li comant.   4000
Par tot li covient obeïr
Et garder sei mout de mentir.
Et s'il recovient mout gaitier
De tel, o sei acompaignier
Vers cui li reis ait maltalent   4005
Ne qui de lui seit malement,
Ja mar s'arestera en place
Ou cil que li reis het s'estace;
Puet cel estre quant l'avendra
Que longuement servi l'aura,   4010
Et que mout se sera grevez
De tot ce faire et plus assez,
Et grant travail i aura mis,
Si n'i aura il rien conquis
Et si puet cel estre avendra   4015
Que poi ou nient i conquerra."
"Pere," ce dist le fiz, "bien vei

Que qui longuement sert a rei
A nul pro ne li puet venir,
Ne li puet plus mesavenir.”   4020
“Bel fiz,” li pere a respondu,
“A maint home est ja avenu,
Por ce est veir, ce que nos dit
Li philosophe en son escrit,
Que nus ne se deit endormir   4025
En rei trop longuement servir.

167a Uns autres redit ensement
Que qui a rei sert longuement
Et en aucun bien ne li pert
Cest siecle et l’autre de tot pert.”   4030
“Par fei,” ce dist le fiz, “beal sire,
Vos m’avez oblié a dire
En quel maniere mengier dei
Se je mainjuz davant le rei.”
“Bel fiz, non ai, quer en toz tens   4035
Deiz mengier par tot en un sens,
Nule difference n’i a
De mangier ci ou mengier la,
Autresi deiz mengier par tei
Comme tu deiz devant le rei.”   4040
“Or m’en devez donc enseignier
Comme je dei par tot mengier.”
“Volentiers. Quant lavé auras
Ja mar puis rien atocheras
Fors ce que tu devras mengier;   4045
Et ne seies trop prinsautier
De pain mangier, mes atent tant
Que li premier mes vienge avant.
Et si n’est ce ne bien ne bel
Que home enbate tel morsel   4050
En sa gole qui seit si grant
Que les mies au gent chaant
De ça et de la; vilanie
Resenble grant et gloternie.
Et anceis aies bien machié   4055
Et par ta boche torneié

167b Le morsel que tu as enz mis
Et que a maschier as enpris,
Que tu le lesses outre aler
Por crieme seveals d'estrangler.   4060
Se sanz vilande veuz beivre,
Garde que ta boche seit seivre
Del morsel que mis i auras,
Quer je mar o tel frein bevras.
Raim de vilanie le toche   4065
Qui tel sope fet en sa boche.
Si saches que c'est vilanie
De parler et mout grant folie
Tant comme ta boche seit pleine,
Quer pres d'iluec a une veine,   4070
Ja tant petit n'i entrereit
Del morsel s'il i remaneit,
Com il t'en convendreit morir.
Por ce si se fet boen taisir
Tant que li morsel seit passez;   4075
Aprés puez tu parler assez.
Si ne deiz onques la main tendre
Devant ton compaignon por prendre
En l'escuele le morsel
Se mellor te senble et plus bel   4080
Que cel qui devant tei sera;
Vilanie est, nel fere ja.
Aprés mengier, l'eve demande,
Quer en fuiseque le commande
Et mout est grant afaitement   4085
Et si ne coste pas granment.

167c Mainz ont malvais oilz et vilains
Quis eüssent et beaus et sains
Se tant d'afaitement eüssent."
"Pere," dist li fiz, "dites mei,   4090
Se aucuns me convie o sei,
Dei li meintenant otreier,
Ou je m'en dei faire preier?
S'il m'en semont, que respondrai?"
"Bel filz, bien le t'enseignerai,   4095

Esguarde bien qui ce sera
Qui de mengier te semondra.
Se il est prodome ou haut sire,
Ne l'en deiz nient contredire,
Maintenant li deiz otreier   4100
Et ovec lui aler mengier;
Et se il est de povre afaire,
Tot autrement le deiz donc faire.
Quer selonc ce que tu verras,
Que il sera et tu seras,   4105
Dous feiz ou treis t'en fai prier
Ainz que li veillés otreier.
S'auctoritate en veuz aveir,
De verité le puez saveir,
Quer Abraham que Dex amout   4110
Devant sa porte un jor s'estout;
Dous angres trespasser i vit
Qui aveient humain abit,
Comme dui home i trespassoent
Quer humaine forme portoent.   4115
167d Quant Abraham les avisa
Mout humblement encontre ala,
Mout les cómmença a prier
Qu'o lui venissent herbergier:
La nuit o lui se herberjassent,   4120
O lui beüssent et menjassent.
Por ce que haut huem ert et haut sire
Ne le voudrent pas escondire.
Ainz s'en alerent ovec lui
Et la nuit i furent andui.   4125
Lendemain quant de lui tornerent
Par devant l'ostel Loch alerent
Qui nevo Abraham esteit.
Quant il les vit, s'i ala dreit
Encontre por els depreier   4130
Qu'o lui venissent herbergier.
Mout s'en firent ainz de tirer
Qu'il i vousissent aler."
"Pere," dist li fiz, "dites mei

Quant mené m'en aura o sei   4135
Cil qui de ce m'aura requis
Et au mengier seron asis,
Quer me dites que je ferai,
Se petit ou mout mangerai."
"Bel fiz, mout. Et seiz tu por quei?   4140
Quer cil qui t'apela o sei
Se il t'aime, mout li plaira,
Se il te het, grant duel aura.
Si puez ton ami leecier,
Et ton anemi corrocier."   4145
168a Dist li fiz, "ce est verité,
Et orendreit m'est remembré
D'un pautonier que je vi ja
A qui un viellart demanda
A qui un viellart demanda
Se en mengier se delitout   4150
Et entor combien il manjout.
'De qui viande?' dist celui,
'De la moie ou de l'autrui?'
'De la toe.' 'Jel vos dirai,
A tot le mains que je porrai.'   4155
'Et de l'autre?' 'Par ma fei tant
Que je n'en puis mengier avant.' "

XXIII

Ce dist li peres, "je roï
D'un autre serf tot autresi,
Mes que gloz ert et mençongiers   4160
Et pereceus et noveliers.
Li sires cui il esteit,
Que il mout sovent messerveit,
Une nuit li pria et dist
Que sa porte mout bien cloïst   4165
Et mout matinet la rovrist.
Mes onques ne s'en entremist,
Quer tote overte la laissa

Por perece de clore la.
Au matin ainz qu'il ajornast, 4170
Li dist li sire qu'il levast,
La porte alast mout tost ovrir.
"Sire," dist il, "vostre plaisir
Soi dés erseir de ceste chose.
Sachiez que a nuit ne fu close, 4175
168b Quer je aveie bien noté
Que ce ert vostre volenté
Que tote jor fust tote overt,
Por ce remest erseir overte."
Lors s'est li sire avesdié 4180
Que par perece l'out lessié.
Une autre nuit le rapela,
"Lieve tot sus," dist il, "si va
La fors garder s'il pluet ou non."
Et cil apela un gaignon 4185
Qui defors la porte geseit,
Par tot tasta si sec esteit;
Quant il l'a par tot sec trové,
Si s'est au seignor escrié:
"Sire," dist il, "il ne pluet pas." 4190
"Va," dist li sire, "eneslepas,
Garde mei si del feu i a."
Et li pautonnier apela
Le chat qui geseit el foier
Comença le a manier 4195
Et quant par tot le trova freit
Si dist que point n'en i aveit.
Li sires un jor reveneit
D'une feire ou alez esteit,
Assez i aveit gaagnié 4200
Si s'en reveneit tot haitié.
Li pautonniers encontre issi.
Quant cil le vit, si se cremi
Que tels noveles n'aportast
Com il soleit dont il s'irast. 4205
168c "Diva," dist il, "or garde bien
Que ne me dies nule rien

Dont j'aie maltalent ne ire."
"Non feré je," dist il, "bel sire,
Mais vostre boene leisse est morte 4210
Qui se geseit joste la porte."
"Comment fu morte et en quel guise?"
"Par fei, vostre mul l'a ocise
Qui poor out, si eschapa
Et son chevestre depeça; 4215
La leisse en sa veie trova
Et desoz ses piez l'esquacha.
Li mulz en est morz a dreiture,
Quer un puiz out par aventure
En sa veie ou il achopa, 4220
Dedenz chaï et si neia."
"Comment, fu il espoentez?"
"Ja esteit vostre fiz montez
El solier dont il trebucha,
Si que le col li depeça." 4225
"Diz me tu veir?" "Par fei, oïl.
Vit sa mere certes nenil
Quer ele out tel duel de l'enfant
Qu'ele en fu morte meintenant."
"Et qui garde nostre meson?" 4230
"Tote est arse et en cendre mise."
"Arse," dist il, "et en quel guise?"
"Par fei, je vos dirai coment;
Atachié aveit folement
Une chandele la bajasse 4235
168d Par quei vostre maison est arse;
Dedenz la chambre l'aluma
Puis s'en issi, si l'oblia
Et la chandele jus chaï,
Tot mist a terre et tot bruï." 4240
"Et que devint la chamberiere?"
"En la chambre revint arriere
Que le feu desteindre cuida,
Mes onques puis ne retorna
Quer avant chaï sor le uis, 4245
Et le feu esteit si espris

Que tote l'arst eneslepas."
"Et tu, comment en eschapas
Qui tant es pereçous et lenz?"
"Quant je la vi ardre dedenz   4250
Et la chalor del feu senti,
A l'ainz que je poi m'en eisi."
Quant le prodom a entendu
Que si li ert mesavenu,
S'il fu dolenz, ne m'en merveil,   4255
Sanz confort fu et sanz conseil.
Chiés un soen veisin s'en ala
Qui le reçut et herberga,
Commença le a conforter
A dire et a amonnester   4260
Que nus doloser ne deveit
Se les biens del secle perdeit.
Quer nul bien el secle nen est
Si grant qui seit ne mais un prest,
Et cest prest ne dure nule hore   4265
169a Ne nus n'enteïmes n'i demore.
Tot est nient; a nient revert.
Fous est qui duel fet se nient pert;
Riens n'est en cest secle durable
Nus n'i puet aveir chose estable.   4270
Ne deiz trop estre controblé
Se tu chiez en aversité,
Ainz te deit toz tens sovenir
Que tu puez a grant bien venir,
Et que Fortune te metra   4275
Par sa roë qui tornera,
Qui maint de grant aversité
A mis en grant prosperité.
En tel maniere oblieras
L'aversité ou tu seras."   4280
"Pere," ce li a dit le filz,
"Mout sunt gent fols et eshabiz;
Quant li siecles qui malvés est
Que il n'i a ne mes un prest
Qu'il estuet rendre maintenant,   4285

Por quei se travallent il tant
De porchacier en mainte guise
La terrienne manantise
Qui eneslepas est alee
Et o tel travaal aünee?"   4290
"Beal filz, ce en est l'achaison
Que longuement estre i quidon,
Et ne savon terme nommer
Combien i deion sejorner.
Et ensorquetot, ce nos dit   4295
169b Un saives hom en son escrit,
Que por l'autre siecle devon
Ovrer comme se quidion
Maintenant de vie sevrer;
Mes por cestui devon ovrer   4300
Autresi com se pension
Que nos jamais ne morisson;
Quer miez vient qu'aprés nostre mort
Aient ou a dreit ou a tort
Ce que el siecle conquis avon   4305
Cels n'enteïmes que nos harron,
Et que tendron por anemis,
Qu'il nos coveinge nos amis
Par besoing el siecle preier
Ne en noz vies mendier.   4310
Mes li siecles est si malvais
Que rien n'i puet durer en pais
En un senblant et un molle;
Ce est un pont qui toz tens crolle.
Cels fet au passer trebuchier   4315
Qui ne se sevent choier.
O il se choie qui drait vait
Qui le bien tient et le mal lait,
Et nus hom n'i deit retenir
Fors tant dom il puisse garir   4320
A enor, et cels bien garder
Que il aura a gouverner,
Et si gart que tant en retienge
Que mendier ne li covienge

Quer a que fere en retendreit 4325
169c Plus que mestier ne l'en sereit.

XXIV

Maint a deceü autresi
Comme jadis conter oï
Qu'a un larron ert avenu
Qui par nuit s'esteit esmeü 4330
Rober la maison d'un riche homme.
Dedenz se mist, ceo en est la somme,
Mout la trova bien replanie
Et de grant richeces garnie.
Quant il vit que tant i aveit 4335
Que demi porter nel poeit,
A eslire en comença
Ce que miez li plout et haita.
Tant a a eslire entendu,
Tant i demora, tant i fu, 4340
Qu'il ajorna et cil leverent
De la maison et sil troverent
Des granz richeces eslisant
Mes ce n'ert pas par lor graant.
Cil l'ont pris et estreit lié, 4345
Puis l'ont au prevost enveié
Qui li rendi le guerredon
Tel com l'en deit fere a larron.
Se il se fust donc porpensez
Que li jor n'ert pas adirez, 4350
Et que gueres n'i demorreit
Que l'aube clere apareistreit,
Sain et sauf s'en peüst aler
Et ne li covensist rien doter. "

169d "Pere, deit nus homs amer tant 4355
Riens qui seit comme son enfant?"
"Oïl, pere et mere, beals filz.
Ces clers trovent en lor escriz

Que cil qui pere et mere enhore
Dure plus el siecle et demore;   4360
Mes cil est bien foul qui s'essille
Ne por son fiz ne por sa fille.

XXV

Uns fables oï ja conter
S'or te pleseit a escouter.
Un boen prodom jadis esteit   4365
Qui deus beles filles aveit,
Riche ert et de grant heritage.
Mes il dona en mariage
A ses dous filles tot l'aveir
Que il pout aquerre et aveir,   4370
Et l'eritage lor parti.
Et quant il out tot departi
Que nule rien ne li remest
Fors sol la meson ou il mest,
N'i out fors sa huge et son lit;   4375
Lors out grant joie et grant delit
Que ses filles out mariees
Et a bien hauz hommes donees.
Un covenant firent entre eus,
Li et ses gendres amedeus,   4380
Que lequel qui mielz li plereit
Planierement li trovereit,
Tot quanque li sereit mestier,
Ne servireit de nul mestier.
170a   Issi fu la chose graëe   4385
Et il remest ovec l'ainznee,
Ce fu cele qu'il out plus chierre,
Et l'en li fist mout bele chiere,
Quer tot out quanqu'il demanda,
Tot fu fet quanqu'il comanda.   4390
Escariement mout se tint
Quer onques o sei ne retint
Fors un garçon quil deschauçout
Au vespre quant il se couchout.

Assez li pleseit cele vie, 4395
Ne li preneit de rien envie,
Quer mout ert aeseement
Se celi durast longuement.
Mes mout enpera assez tost,
Quer a la dame fu apost 4400
Que il deüst riens commander.
Au seignor prist a demander,
"Sire, que tenon nos tel cost?
N'avon pas blé jusqu'a aost;
En mei fei, sire, fous sommes 4405
Que nos tenon ici dous homes
Qui de nule rien ne nos servent,
Ne le pain qu'il ont deservent.
Or demandera chescun tote
Certes que mon pere redote. 4410
Aut s'en or o son autre gendre
Qui bien redeit por lui despendre.
Bien est dreiz, si Dex me conseit,
Qu'il ovec lui autretant seit
170b Com il a esté ovec nos; 4415
Trop par est mon pere enuios."
Par cest dit ou par autretel
Ennoia au prodom l'ostel.
Dés que il parler en oï
Onc puis del cuer ne s'esjoï, 4420
O s'autre fille s'en ala,
Mes n'out mie miez ci que la.
N'ot ne ça ne la boen refui,
"Halas," fet il, "tant mare fui,
Tant m'est malement avenu. 4425
Qu'est quanque je oi devenu?
Ja ne quidai a cest venir.
Dex, que porrei ge devenir?
N'ai dont je soie sostenu.
Tot est male veie tenu, 4430
Por nient ai grant aveir eü;
Or sui bien le povre veü,
A toz mes veisins sui eschar.

Ce me fet mon sanc et ma char
Qui j'ai doné quanque je poi ;   4435
Et Dex, or me prisent si poi
Que ja veier ne me querreient.
Por ce que rien ne conquerreient
A honte sui mis par le mien.
Poïse moi qu'onques oi nul bien,   4440
Meins m'engrejast or a mal trere.
En un proverbe l'oï retrere,
Ne sai qui primes en parla,
Soef tret mal qui apris l'a.
170c Mes je ne l'ai pas ausé.   4445
Or sui tot viel et tot usé,
Si essaerie mes a peine
A traire grant mal ne grant peine.
Certes or fusse mort mon veol,
Quer mout ai grant ire et grant doel   4450
Que je sui en autrui dangier
Por mon boivre et por mon mengier.
Or ne di ge que il ne pere
Que enfes n'aime pas son pere
Tant comme li pere fait lui.   4455
Ja mar en parlera nului
Contre le proverbe a vilein-
Tant as, tant vauz, et je tant t'ein
Et je n'en puis mes, si jel di
Que povre home a a peine ami.   4460
Mout m'ennoïast se je veïsse
Por aveir que je porseïsse
Soffrir a mes effanz mesese,
Ja mon cuer ne fust puis a ese.
Mout m'enveient les miens soffrir   4465
Si ne me deivent riens offrir
Qu'il quident onques que me plese."
Issi se dementout sovent
Li prodom si priveement
Que riens el monde ne saveit   4470
La mesese que il aveit
En plusors sens se porpensa

Com fet cil qui poi despensé a
170d Coment il se porreit eidier;
Ne sout ses gendres en pleidier, 4475
Honte i eüst d'eus reprover
Que li deüssent riens trover,
S'autrement en peüst rien trere.
Une forte huge a fet fere
De fer lier en plusors sens 4480
Par grant veisdie et par grant sens;
I a mis dobles serreüres
O bones gardes et seüres.
Un mail mist enz, et enz el chief
Lia estreitement un brief, 4485
N'ot riens plus en la huge mis.
Dont il s'esteit entremis,
Ne cest ne sout fors Dieu et lui,
Quer il nel deïst a nului.
Un jor fist l'ere neier 4490
De son ostel et baleier,
Aprés a fet un boissel prendre
En meson sa fille la mendre;
Dont il se sont asez janglé
Por ce qu'il n'aveit grain de blé, 4495
Et tindrent a grant desmesure
Qu'il enpruntout itel mesure;
Et sa fille dist plusors feiz
Qu'il aprestout ses noëleiz.
Sor sei clost et serra bien l'us, 4500
Onques ne remest o lui nus.
Doze deniers out porchaciez,
Si les a el boissel fichiez
171a En plusors lieus par les jointures
Que el fust que es serreüres. 4505
Au garz qu'il rendi lendemein
Chaï dous deniers en la main
Si que la dame bien le vit
Qui a merveilles s'esbahit.
Tant a le boissel debatu 4510
Que les deniers sunt abatu

Devant lie sor un drap en l'ere.
Merveilla sei, ne sout que fere.
A sa suer l'ainznee est venue;
"Suer," fait ele, "grant descovenue   4515
Nos est avenu de mon pere,
N'i a cele qui nel compere
L'ennui que nos li avon fet.
Par grant pechié et par sorfet
Jamés de lui n'auron nul bien.   4520
Nos quidion qu'il n'eüst rien,
Mes ne dot pas qu'il n'eit encor
Ovec sei merveillos tresor.
Ja huge n'eüst fet ferrer
Ne fust por aveir enserrer.   4525
Il mesura ier grant chatel
O le boissel de nostre ostel;
Nos i avon deniers trovez
Qui s'erent es crevés colez.
Tot avon perdu par reison: 4530
Il ne hante mes en meison
Ne ovec vos si com il seut.
Je ne sei si Dex me conseut
171b Comme nos le puisson retrere,
Quer trop li avon fet contrere."   4535
Cele respont, "je m'en merveil,
Mes or vos donrei boen conseil:
Henoron le et tenon chier,
Et au lever et au cochier
Le servon comme nostre pere;   4540
Si li feson plus bele here
Que nos n'avon fet une pose,
Que ja mar voudra cele chose
Qu'il n'ot tot a sa volenté,
Dras, linges eit a grant plenté   4545
Et a vestir et a chaucier.
Se bien le savon enchaucier,
Nos auron quanque il aura,
Ja s'i garder ne se saura."
Mout se sont celes entremises   4550

De fere braies et chemises
Au plus vistement que il porent
Del mellor linge que il orent.
Mout li donent, mout li prametent,
Et les dous gendres s'entremetent, 4555
Qui volentiers fussent si heir,
De servir le tot lor poeir.
Ne li sunt or mes mie estranges;
Asez a dras, linges et langes,
Chapes, jupes, manteaus et cotes, 4560
Sollers a laz, hueses, et botes.
A remuement a les dras,
Et le palefrei gros et gras
171c Por sei deduire a chevauchier.
Mout le teneient entr'ex chier, 4565
Il ne voleit rien qu'il n'eüst
Que l'en por deneir conseüst;
Mout l'enorent et mout li donent.
Quanque il ont li abandonent,
Chevax et robes et deniers, 4570
Dont il preneit mout volentiers,
Quer il donout a povre gent
Mout volentiers de son argent.
Mout les teneit en grant chierté,
Bien saveit que ert a povreté, 4575
Quer il meïsmes out sofferte
Meinte mesese par poverte.
Issi estut, ce fu la somme,
Bien longuement a cel prodome,
Tant que vers sa fin afebli, 4580
Mes il ne mist mie en obli
Ce que ses filles fet li orent:
Tot l'ennui primes qu'il porent
Et puis par l'engin qu'il trova
Li firent quanqu'il lor rova. 4585
Par son sens et par sa veisdie
Puis li prist une maladie,
Bien vit qu'il l'estoveit fenir.
Ses dous gendres a fet venir

Et ses dous filles devant sei, 4590
Si lor a mostré en segrei:
"O vos," dist il, "ai demoré
Et vos m'avez mout henoré,
171d Les voz merciz, et chier tenu,
Et ma feblece sostenu. 4595
Or vez que je sui au morir,
Une rien vos veil descovrir
Que mout ai celé et teüe,
N'encor ne veil qu'el seit seüe.
Ainz en veil estre si certain 4600
Que chescun m'afit de sa main
Que cele huge n'ert overte
Ne ceste chose descoverte
En tot le mont a creature
Devant enprés ma sepouture. 4605
Mes quant le cors ert enterré,
Et le servise tot finé,
Et fet aureiz la charité,
Qui del mien estes herité,
Com vos savez que vos devez fere, 4610
Que l'en le puisse en bien retrere.
Quant trestot ce sera remés,
Lors prendrez soz cest lit les cles,
Vostre huge desfermereiz
Si prenez ce que vos trovereiz. 4615
Il n'i a mie grant aveir,
Mes mestier vos porreit aveir."
Issi avint com il devise,
Mout li firent riche servise
Et pein departir et argent 4620
As clers et a la povre gent.
Puis revindrent toz quatre arrere,
Les cles pristrent soz la litiere,
172a Les serreures desfermerent,
La huge ovrirent, si troverent 4625
Le mail et le brief et riens plus.
Lors furent dolenz et confus,
Mout se tindrent a desconfiz.

Meinte reproche et meint affiez
Unt a lor fames reprové   4630
Por ce qu'aveir n'orent trové.
Del brief quiderent qu'il deüst
Enseignier ou l'aveir fust,
Por ce ont un chapelin quis,
Si li ont prié et requis   4635
Qu'il lor die qu'il a el brief.
Cil le porvit de chief en chief,
Quant porveü l'ot, si lor dit:
"Seignors, je truis ici escrit
Que la creature est maldite   4640
Qui por effant se deserite,
Si qu'il l'estuice aler par terre
Mendiant sa garison querre.
Mout le deit l'en contralier,
Et les piez et les poinz lier,   4645
Et doner li d'un mail el chief.
Je ne truis plus escrit el brief."
Quant cil oirent l'escriture,
Bien aparçurent a dreiture
Que par orguil et par sorfet   4650
Ourent vers le pere meffet
D'en son le soen eissi chacier,
Et se il se sout porchacier
172b Que d'eus eüst son estoveir
Nus ne l'en deit maugré saveir."   4655

"Pere, le fablel est mout boen,
Mout ovra cil comme prodoen.
Boen est le fablel a oïr,
Mout se deit qui l'ot esjoïr,
Grant prou et grant sens i conquert.   4660
Tel l'orra qui de miez en ert,
Trop puet pere amer son effant,
Garni se tienge en son vivant."

NOTES

[References to "Godefroy" are to Frédéric Godefroy, *Dictionnaire de l'ancienne langue française et de tous ses dialectes, du IXe au XVe siècle* (Paris: Vieweg, 1880-1895), 8 vols.]

1. MS. untitled.

38. "merra" — Future indicative third singular of *mener*. "When *n* and *r* were brought in contact in Early Old French by the effacement of intertonic *e* < unstressed *a*, there was no partial denasalisation, but *n* was ordinarilly assimilated to *r*." (M. K. Pope, *From Latin to Modern French with Especial Consideration of Anglo-Norman: Phonology and Morphology* [Manchester: Manchester University Press, 1934], p. 148.) Cf. "pardorreit" (577).

135. "oal" — An affirmative response, normally *oïl*.

190. "fain as denz" — Doubtful reading. Possibly *fain* < *fenum* with the paraphrase: "and here you (the cricket) are who would benefit by it (my labor)"; or *fain* < *fames*, possibly paraphrased: "and here you are who would be desirous of it (my grain)."

202. "milliers" — "wives."

225. "qui" — Present indicative first singular of *quidier* < *cogitare*.

234. "En ai ge conquis tres cent" — "I have acquired a full hundred of them."

345. "Baldach" — "Bagdad."

451. "Baudas" — See note for line 345.

481. "celeré" — *é* spelling instead of *ai*.

525. "prevost" — "A principal Magistrate, or Judge in a good towne; also, an under Judge of a Province; the Judge of a village; or the *Roturiers* (laymen) proper Judge; (for such as the *Bailli*, and *Seneschal* are among Gentlemen, the *Prevost* is among Yeomen; whose wardships he disposeth of; whose differences he judgeth of; and on whom (offending) he inflicteth punishments, or penalties)." (Randle Cotgrave, *A Dictionarie of the French and English Tongues.* [London: Adam Islip, 1611], no page number.)

568. "geter les poinz" — "to arrest," from Classical Latin "injectio manus," "the laying on of hands."

626. "Et il t'aura pris al breion" — "and he will have caught you in a trap."

663-68. Much of the moralistic phraseology found outside of the exempla is adapted from Petrus Alphonsi without significant alteration: "Ne glorieris in laude leccatoris, cuius laus est tibi vituperium et vituperium laus." (Alfons Hilka and Werner Söderhjelm, eds., *Disciplina Clericalis*, in Sammlung Mittellateinischer Texte [Heidelberg: Carl Winter, 1911], p. 7.

795. "Dom" — Frequently used in the sense of Modern French *dont*.

802. This is the first of several appearances of Renart in the MS. where in each corresponding instance in the *Disciplina* an unidentified fox appears. In like manner the wolf in the twentieth exemplum is given the name "Ysengrin" by the French adaptor.

861. The adaptor omits a rather interesting portion of the original *Disciplina* at this point: "Unus ex discipulis interrogavit magistrum suum et dixit: Cum septem sint artes et septem probitates et septem industrie, vellem ut hec michi sicut se habent enumerares. Magister: Enumerabo. He sunt artes: dialectica, arithmetica, geometria, phisica, musica, astronomia. De septima vero diverse plurimorum sunt sentencie quenam sit. Philosophi qui prophecias non sectantur, aiunt nigromanciam esse septimam. Aliqui ex illis videlicet qui propheciis et philosophie credunt, volunt esse scienciam que res naturales vel elementa mundana precellit. Quidam qui philosophie non student, grammaticam esse affirmant. Probitates vero he sunt: Equitare, natare, sagittare, cestibus certare, aucupare, schachis ludere, versificari. Industrie sunt: ne sit vorax, potator, luxuriosus, violentus, mendax, avarus et de mala conversacione. Discipulus: Hoc tempore puto neminem huiusmodi esse. Correxit quidam philosophus filium suum: Cave mendacium, quia dulcius est carne volucrum." (Hilka, *op. cit.*, pp. 10-11.)

879-86. *Disciplina* reads: "Dixit Arabicus filio suo: Si quemlibet videris malis operibus pergravari, ne te intromittas, quia qui pendulum solverit, super illum ruina erit." (Hilka, *op. cit.*, p. 12.)

971. "lois" — "Qui est atteint de *strabisme*: défaut de concordance des axes optiques, dépendant d'une inégalité dans la force des muscles moteurs de l'œil, d'une différence dans la sensibilité des deux yeux, ou d'une lésion cérébrale. Au lieu de converger vers un même point, les yeux se dirigent chacun vers un point différent: l'œil le plus fort vers l'objet que l'on veut voir, l'œil le plus faible vers un autre plus ou moins rapproché." (P. Nysten, *Dictionnaire de médecine, de chirurgie, de pharmacie, des sciences accessoires et de l'art vétérinaire* [Paris: J. S. Chaudé, 1841], 889.)

1003. "teigne" — "Jusqu'à ces derniers tems (*sic*) les pathologistes décrivaient sous le nom de teigne diverses éruptions ayant leur siège sur le cuir chevelu et considérées comme autant d'espèces d'une même maladie, qu'ils faisaient consister tantôt en pustules ou en vésicules entourées d'une auréole rouge, d'où s'échappait lentement une humeur visqueuse et rougeâtre, tantôt en squames furfuracées, ou en tubercules épars ou agglomérés, excavés en godets, ou bosselés, etc. Alibert distinguait 5 espèces de teignes d'après les diverses formes de l'éruption: la teigne faveuse, la plus commune; la teigne granulée, caractérisée par de petits tubercules irréguliers, inégaux, bosselés, d'un gris brun, sans excavation à leur centre; la teigne furfuracée ou porrigineuse; l'amiantacée et la muqueuse, qui ont pour caractères, la première, une légère desquamation de l'épiderme, avec suintement d'une humeur qui se dessèche en écailles furfuracées et en une matière pulvérulente non adhérent; la seconde, de petites écaillies très fines, d'une couleur argentine et nacrée, qui s'attachent le long des cheveux et ressemblent à l'amiante; la dernière, des pustules suivies d'ulcérations d'où s'écoule une humeur tenace semblable à du miel corrompu." (Nysten, *op. cit.*, p. 919.)

1013. "rogne" — Nysten equates this disease with *gale*: "Le mot *scabies*, regardé comme équivalent de notre mot *gale*, par les auteurs qui ont écrit en latin depuis la renaissance des lettres, avait été employé primitivement pour désigner diverses maladies de la peau qu'il serait difficile de déterminer, et celle que Celse a décrite sous ce nom paraît essentiellement différente de la gale. On peut dire autant du mot grec ψωρα, qui ne désignait nullement une maladie vésiculeuse susceptible de se transmettre par contagion. Nous appelons aujourd'hui *gale* une affection cutanée consistant en vésicules plus ou moins multipliées, dures à leur base, contenant dans leur sommet une sérosité d'abord limpide, puis purulente, et occasionant une vive démangeaison qui augmente vers le soir et surtout pendant la nuit par la chaleur du lit. La gale affecte de préférence l'intervalle des doigts, les poings, le dos de la main, les coudes, la face interne des membres thoraciques et abdominaux, les aisselles, les jarrets, les aînes. Elle est le plus ordinairement contractée par contagion ; occasionnée par la négligence des moyens de propreté. (Nysten, *op. cit.*, p. 442.)

1050. "la minete" — Identified by Godefroy as a kind of dice game or the table upon which the game is played. Possibly it was an old game, for he equates it with another game called "mine," citing a reference to this latter in *Erec et Enide*.

1154. "Neïs" — *nec *ipsi* > *neïs,* "even" — *Neïs* is translated "not even" when used in negative proposition. (Pope, *op. cit.*, p. 327.)

1355. "fuerre" — Frankish *fodr* > *fuerre,* "sheath," "scabbard." (W. Meyer-Lübke, *Romanisches Etymologisches Wörterbuch* [Heidelberg: Carl Winters Universitätsbuchhandlung, 1935], p. 327.)

1382. "la pépie" — *Pipita > pépie, "pip." (Meyer-Lübke, *op. cit.*, p. 544.) "Maladie consistant en une pellicule blanche qui vient au bout de la langue des oiseaux, et qui les empêche de boire et de faire entendre leur cri." (A Beaujean, *Dictionnaire de la langue française abrégé du Dictionnaire de Littré* [Paris: Gallimard et Hachette, 1959], p. 1606.)

1390. "vehimes" — Past definite first plural of *veoir,* "to see." Pope says that on the model of the Latin verbs *vehere* and *trahere,* h was introduced in this form to mark hiatus in the interior of a word, a usage being somewhat more frequent in Anglo-Norman than in Continental French. (Pope, *op. cit.*, p. 460.)

1492. "A sisein denier la brebiz" — "at (the price of) six *deniers* per sheep."

2117. "As talons li a l'us serré." — "using her heels, she shut the door fast upon him."

2210. At this point the adaptor omits a reference to twenty-two verses found at the end of the *Liber Proverbiorum* which describe virtuous women (XXXI, 9-31): "Salomon in fine libri proverbiorum suorum composuit viginti duos versus de laude atque bonitate mulieris bonae." (Hilka, *op. cit.*, p. 22.)

2401-02. "Si Dieu plest qui de tot est sire, / Ja n'en sera denier a dire" — "If it please God who is Lord of all, never will there remain a penny of it (your deposit) which you will have to demand."

2610-12. MS. illegible.

2620. "Aïe as desconfortez" — The philosopher is named accordingly in the *Disciplina* "Auxilium Egencium" and "Auxilium Miserorum," and he is described as a "philosophus ... bonus homo atque religiosus."

2735. "besanz" — Byzantine gold coins which were also found in Spain; they were worth nine *sous* in 1297. (A. Blanchet and A. Dieudonné, *Manuel de Numismatique française* [Paris: Auguste Picard, 1936], p. 51.

3008. Lacking in the present MS. as well as in MS. Harley 527 from which those exempla in the second appendix have been taken, included here is a second part of this exemplum from the *Disciplina* in which the father gives an account of an experience similar to the one described by his son: "Pater ad hec: Hoc alia vice nobis evenit, cum pergeremus ad civitatem per magnam viam: preerat nobis fluvius, quem quoquo modo transituri eramus, antequam civitatem intraremus. Sicque nobis iter agentibus in duas partes secta est via: quarum una ad civitatem per vadum, alia per pontem ducebat. Deinde quendam senem vidimus, quem de duabus viis que propius duceret ad civitatem interrogavimus. Et senex ait quod brevior erat via per vadum ad civitatem duobus miliaribus quam via per pontem. Sed tamen cicius, inquit, per pontem potestis venire ad civitatem. Et quidam ex nostris illum senem sicut vos vestrum antea deriserunt et per vadum iter aggressi sunt. Sed eorum alii socios submersos dimiserunt, alii equos et sarcinas perdiderunt, quidam vero pannos madefactos, alii omnino amissos defleuerunt. Sed nos et senex noster qui per pontem transivimus, sine impedimento et absque omni incommodo processimus et eos super ripam fluminis adhuc iacturam deflentes reperimus. Quibus flentibus et ima fluvii cum rastris et sagena perscrutantibus senex ait: Si nobiscum per pontem perrexissetis, hoc impedimentum non haberetis. At illi dixerunt: Hoc fecimus quia viam tadare nolebamus. Ad hec senex: Nunc magis tardati estis! Et illis relictis leti subintravimus portas urbis." (Hilka and Söderhjelm, *op. cit.*, 28-29.)

3009-12. The adaptor gives a rather interesting twist to an old proverb found in the *Disciplina Clericalis*: "Tale est proverbium quod audivi: Magis valet longa via ad paradisum quam brevis ad infernum." (Hilka and Söderhjelm, *op. cit.*, p. 29.)

3053-5. Text in error. This passage might be paraphrased: "we will grind our meal, and when we will have kneaded the dough, we will let it cook slowly."

3196. The twentieth *exemplum* found in the *Disciplina Clericalis* (*De regii incisoris discipulo Nedui nomine,* Hilka and Söderhjelm, 30-31.) is lacking in the present ms. See Appendix B, Exemplum A.

3425. "jacintus" - A precious stone, a variety of reddish yellow zircon. G. F. Kunz, commenting on the lore of precious stones, says that the jacinth was "recommended as an amulet for travellers, because of its reputed value as a protection against the plague and against wound and injuries, the two classes of perils most feared by those whe undertook long journeys. This stone assured the wearer a cordial reception at any hostelry he visited (Marbodei, "De lapidibus," Friburgi, 1531, fol. 38)." Mr. Kunz adds that "the jacinth also augmented the riches of the owner, and endowed him with prudence in the conduct of his affairs (Cardani, "Philosophi opera quaedam," Basileae, 1585, p. 323. "De gemmis")." (George Frederick Kunz, *The Curious Lore of Precious Stones* [Philadelphia and London: Lippincott, 1913], pp. 81-82.) This latter quality of the jacinth makes the use of it in the exemplum rather ironical when one considers the temperament of the peasant.

3464. The adaptor omits here a rather interesting bit of direct instruction from the father to his son regarding the habit of reading: "Philosophus castigavit filium suum dicens: Quicquid invenies legas, sed non credas quicquid legeris. Ad hec discipulis: Credo hos esse: non est verum quicquid est in libris: Nam simile huic iam legi in proverbiis philosophorum: Multe sunt arbores, sed non omnes faciunt fructum; multi fructus, sed non omnes comestibiles." (Hilka and Söderhjelm, *op. cit.*, 34.)

3495. "Ysengris"- See note for line 802.

3550-4. Friedrich Heer notes that Bologna was a great center for legal studies whereas Paris was more noted for theological studies, and that "it was in the twelfth century, under Irnerius, that it (Bologna) first acquired prestige as a law school teaching Roman Law." He later points out that Orléans was the greatest French law school. (Friedrich Heer, *The Medieval World: Europe 1100-1350* [Cleveland and New York: The World Publishing Company, 1961], pp. 197-207.)

3691. MS: El milie del.

3790. MS: je voleie a pris.

3868. The twenty-fifth exemplum found in the *Disciplina Clericalis (De Mariano)* is lacking in the present MS. as well as in *MS. Harley 527*; it is furnished here for the sake of completeness. "Plato retulit in libro de propheciis quod quidam rex erat in Grecia senex, gentibus crudelis. Huic crevit maximum multis e partibus bellum. Cuius ut sciret eventum, tocius sue regionis et vicine mandavit philosophos. Quibus congregatis ait: Videte quam magnum michi et vobis ingruat bellum, quod propter meum credo evenire vobis peccatum. Sed si aliquid est in me quod sit reprehendendum, dicite et vestro iudicio illud corrigere festinabo. Philosophi: De criminalibus in corpore vestro nullum scimus nec quid nobis et vobis venturum sit cognoscimus. Sed hic prope viam trium dierum moratur quidam sapiens homo, nomine Marianus, qui per spiritum sanctum loquitur. Ad eum ergo de philosophis vestris aliquos legate, per quos vobis quid in tota vita vestra sit venturum declarabit. His ita peractis septem philosophos ad eum misit. Qui postquam quam prius inhabitaverat intravere urbem, desertam illius invenere maximam partem. Sed illis querentibus hospicium Mariani dictum fuit quod ipse et multi de concivibus petiissent heremum. His auditis perrexerunt ad eum philosophi. Quos ut vidit sapiens ait: Venite venite, legati regis inobedientis! Deus enim ei in custodia diversas naciones subdidit, quarum non rectus gubernator, sed immitis extitit. Deus tamen qui illum et illius subditos de eadem et non de diversa materia creavit, eius immoderatam diu passus nequiciam multimodis correpcionibus ut converteretur ammonuit. Sed tandem omnino ad malum eius pertinaci animo in illius necem immisericordes et barbaras suscitavit gentes. Et hoc dicto tacuit sapiens homo. Quod audientes philosophi mirabantur et qui aderant universi. Die vero tercia philosophis querentibus licitum repatriandi reverendus ille prophetico spiritu dixit: Revertimini, quoniam mortuus est dominus vester, et deus iam novum regem ibi imposuit qui sit rectus gubernator et mitis gentibus subditis. Auditis talibus de septem qui venerant philosophis tribus cum predicto sapiente in heremo remanentibus quatuor repatriaverunt. Qui omnia, sicut eis predictum fuerat, vera et constituta invenerunt." (Hilka and Söderhjelm, *op. cit.*, pp. 37-38).

4084. "en fuiseque" - Perhaps related to *se phisiquer*, "to take a drug." Godefroy gives "fuiseque," "médecine." (Godefroy, *op, cit.*, VI, 139; IV, 13.)

4110-33. These scenes are found in the *Liber Genesis* (XVIII, 1-16; XIX, 1-3).

4224. MS: El solier doin.

4235. "bajasse" - German *bacassa*, "maid," "maidservant" > *bajasse*. (Meyer-Lübke, *op. cit.*, p. 68.)

4326. The twenty-eighth exemplum of the *Disciplina Clericalis (De Socrate, Diogene et rege*, Hilka and Söderhjelm, 43-45) is lacking in the present MS. See Appendix B, Exemplum B. Also lacking is the twenty-ninth exemplum both in the present MS. and in *MS. Harley 527*; it is furnished here in the original Latin. "Rex quidam sapientem habuit consiliarium et familiarem, qui tandem legibus nature favens paruum reliquit heredem bene disciplinatum et curialem. Cui totam que magna erat possessionem et diviciarum acervos subscripsit et morti cessit. Quo facto rex ad se puerum vocavit et de patris occasu ne plus iusto doleret ammonuit et quecunque pater illi regenda dederat testamento firmavit et insuper eum promisit. Inde valedicto iuvenis letus ad propria remeavit. Quem rex oblivioni tradidit, nec ipse ad regem remeare festinavit. Longo temporis intervallo in eadem regione qua puer inerat ceperunt adeo egere quod cirborum inedia periclitarentur fame. Quod videns puer bone indolis animo condoluit, condolens horrea deplevit et pauperibus distribuit et de penu vinum extraxit et carnes quas habebat egentibus erogavit. Et crescente penuria decrescens pecunia indigentibus non suffecit. Postea vero dato pro annona thesauro vitam fame vel siti laborancium quousque potuit sustinere non distulit, nec suffecit. Hoc idem de vestibus et preciosis lapidibus egit. Et sic transiit circulus anni, in quo non paucos iam mortis nexibus irretitos liberavit. Erat autem in eadem regione quidam regis prescripti notarius, qui livoris macula tactus puero invidebat et graves inimicicias contra eum latenter exercebat. Qui regem erga puerum in iram exasperabat his verbis: Domine, lenitas vestre maiestatis in vestri fiilium consiliarii, cui pater infinitam reliquit pecuniam, ne dictam stulte, nimium mollis extitit. Modo namque nec vos nec ipse pecuniam habetis, quam ipse insulsus superflue dilapidavit. Rex vero talibus in iram commotus pro puero legavit. Cui talia dixit: Insipiens fili sapientis, inhers artificiosi, prodige largi, ut quid divicias sapienter congregatas et tibi ad servandum commendatas dedisti perniciei? Ad hec puer visu in terram defixo — principis enim vultuositatem utpote toruis inflammatam luminibus verebatur: Domine, si pace vestra licet dicere, non ut quibusdam videtur stultus patre sapienti vobis sum relictus. Pater etenim meus congregavit thesaurum, congregatum unde fures rapere possent collocavit et michi cui possetis auferre vel ignis posset comburere sive aliquis casus eripere reliquit. Ego vero eundem ibi collocavi ubi fideliter sibi servabitur et michi. Rex autem quid inde fecisset rogavit. Puer vero quid et qualiter egerat retaxavit. Comperta denique iuvenis astucia remuneratum rex prius eum coram circumstantibus laudavit, laudato patris servicium recompensavit. Qui exinde lucrando novas et maiores prioribus divicias adquisivit. — Hoc modo quod preciosius habuit filius consiliarii regis in domo deliciarum thesaurizavit." (Hilka and Söderhjelm, *op. cit.*, pp. 45-46.)

4354. The thirty-first exemplum of the *Disciplina Clericalis* (*De opilone et mangone*), lacking in both the present MS. and *MS. Harley 527*, is furnished here. "Opilio quidam in sompnis mille oves habuit. Quas mango quidam cupiens emere ut carius venderet, sicut sompnianti visum fuerat pro unaquaque ove duos solidos dare volebat. Sed qui vendebat, cum duobus solidis denarium pro unaquaque poscebat. Illis de precio contendentibus hoc modo sompnus evanuit. Sed venditor dum esse sompnium comperit nondum apertis oculis clamare cipit: Pro unaquaque michi viginti denarios tribue, et quotquot sunt tecum abduces! — Hunc vero in modum transeuncia mundi gaudia sectantes et diversis ut retineant inhiantes de improviso veniens dies, id est finis vite, intercipit et queque cupita velint nolint adimit." (Hilka and Söderhjelm, *op. cit.*, p. 47.)

4354. The thirty-second exemplum of the *Disciplina Clericalis* (*De philosopho per cimiterium transeunte*, Hilka and Söderhjelm, *op. cit.*, p. 48) and the thirty-third (*De aurea Alexandri sepultura, op, cit.*, pp. 48-49) are lacking in the present MS. See Appendix B, Exempla C and D.

4354. The thirty-fourth exemplum of the *Disciplina Clericalis* (*De heremita suam corrigente animam*), lacking in both the present MS. and *MS. Harley 527,* is furnished here: "Item heremita philosophus hoc modo versibus suam correxit animam: Anima mea, scias et cognoscas, dum potencia est in manu tua, quid opereris antequam de tuo movearis loco ad domum in qua manet iusticia et ad portam loci iudicii, ubi leges in rotulo quicquid tua manus egerit in hoc seculo. Et angeli de celo a dexteris et a sinistris discooperient et renunciabunt consilium tuum et quicquid a te fuerit excogitatum. Et ante deum veniet tuum iudicium et una lance quicquid boni et alia quicquid mali egeris, sed uno et eodem declarabitur examine. Et omnes tui fratres et amici non invenient tuam redempcionem, et ob hoc te deserent et omino dimitten. Hodie itaque redempcionem accipe, id est: bonum fac assidue et antequam veniat dies summonicionis, ad deum revertere et non dicas: cras revertar et non morabor, quia sic crastinantem te impediet concupiscencia vel forsan retinebit dies extrema. Itaque dierum seculi reminiscere et generacionum annorum antiquorum qui omnes transierunt, et inde accipe sensum. Ubi sunt reges, ubi principes, ubi divites qui thesauros congregaverunt et inde superbi fuerunt? Modo sunt sicut qui non fuerunt, modo sunt finiti sicut qui non vixerunt, modo sunt sicut flos qui de arbore cecidit quo ulterius non redit. Non timeas, anima mea, non timeas nimis; de seculi adversitatibus non oriatur timor tuus! Time tui diem iudicii, paveas tuorum multitudinem peccatorum! Memento tui creatoris qui tuus iudex est et testis!" (Hilka and Söderhjelm, *op. cit.,* p. 49.)

4363. This exemplum does not appear in the *Disciplina Clericalis.* The adaptor adds it to his collection without any reference to the fact.

4563. "palefrei" — *Paraveredum* > *palefrei,* "palfrey." (Meyer-Lübke, *op. cit.,* p. 513.)

4619-20. "Mout li firent ... pein de partir et argent" — Godefroy gives "faire petit pain," as meaning "faire maigre chère, faire piteuse mine." (Godefroy, *op. cit.,* V, 694.)

4663. The MS. comes to a rather abrupt end at this point with a single reference by the son to the preceding exemplum. Lacking is the formal epilogue which is found at the end of the *Disciplina:* "Ob hoc igitur immensam dei omnipotentis clemenciam supplices exoramus, quatinus bonis operibus nostris precedentibus post districti diem iudicii a dexteris filii sui collocati eterna requie cum suis fidelibus mereamur perfrui in aula celesti, prestante eodem domino nostro Ihesu Christo, cui est honor et gloria cum Patre et Spiritu Sancto per infinita seculorum secula. Amen." (Hilka, and Söderhjelm, *op. cit.,* p. 50.)

GLOSSARY

[This is only a partial glossary. Normally only one line reference to a word is given. Except for a few strange forms, verbs are cited in the infinitive.]

A

abet (177) - trick, deceit.
abriconnez (1425) - deceived.
acheison (2507) - occasion, chance.
achoper (4220) - to stumble.
aconter (52) - to count, enumerate.
adeser (1225) - to touch, approach.
adirer (2742) - to lose, to become lost.
aerdre (41) - to seize, cling.
afaitement (2002) - preparation, education.
afichier (700) - to make firm, resolve.
aforrer (3484) - to fodder.
afubler (981) - to put on, cover.
ait, en (2757) - speedily.
amaisier (3546) - to pacify, appease.
anuitier (3634) - to become night, become dark.
aprimier (3850) - var. of *aprismer,* q. v.
aprismer (1859) - to approach.
arer (3486) - to plough.
arme (1910) - soul.
asener (2278) - to guide, direct.
atocher (1864, 4044) - to touch.
atorner (2481) - to turn, take care of.
auliver (846) - to raise (from a lowly condition).
aüner (3230) - to assemble, unite.
aut (165) - PS3 of *aller*: to go.
avesdier (382, 3082), - to trick, confuse.
aviler (3229) - to despise, scorn.

B

bajasse (4235) - maid, servant-girl.
baler (365) - to dance.

bandon (3830) - power, permission.
barler (2365) - to fortify.
beneüree (2314) - happy, fortunate.
besant (2735) - See note for line 2735.
bochuz (970) - humpbacked.
boisdie (3015) - var. of *veisdie,* q. v.
boter (2055) - to strike, push.
bricon (1961) - fool, rogue.
broche (891) - peg, spike.

C

chaier (3833) - to fall.
chan (1171) - field.
chanu (2443) - hoary, white.
chatel (604) - wealt, principal.
chevestre (4215) - rope, halter.
clergie (2936) - instruction, knowledge.
comfaitement (588) - how.
comovoir (3920) - to shake, raise, stir up.
comperer (1913) - to pay for.
conrei (1652, 3026) - care, service.
contenement (1128) - bearing behavior.
contralier (4644) - to resist, contradict, annoy.
controblé (4271) - troubled, upset.
converser (346) - to dwell.
cope (538, 2640) - fault, sin.
corage (616) - intention, desire, opinion.
crieme (3161) - fear.

D

dahé (ait) (2096) - cursed be (*an exclamation*)
dejoste (2083) - near, alongside.
deletableté (3319) - delightfulness, charm.
delivrement (3687) - freely, quickly.
desfaire (1666) - to mutilate.
desjugler (3226) - to trick, make fun of.
despris (449) - wretched, miserable.
desrer (3003) - to throw into confusion, become disordered.
detrés, par (124) - behind.
devaler (3786) - to descend.
diva (3619) - *interjection of exhortation.*
doloser (4261) - to grieve, lament for.
dougiez (1307) - delicate, fine.
dreiturier (551) - rightful.

E

eé (2242) - age.
eirre (2970) - journey; direction, course.
enbatre (4050) - to plunge, penetrate; to hurl oneself.

enchaucer (1547) - to urge, badger.
enchoistre (3067) - vulgar, common.
encombrier (370) - misfortune, difficulty.
encouvir (2014) - to covet, try to obtain.
enditer (1326) - to expound; to instruct.
enfers (408) - sick man.
enferté (1175) - illness, infirmity.
enfoïr (264) - to bury, inter.
engìng (1124) - cunning, deceit.
enperier (684, 4399) - to spoil, become worse; to slander.
ensement (1608) - in the same way, equally.
ensorquetot (4295) - moreover, above all.
enterinement (336) - completely, purely.
entreconsentir (s') (14) - to agree.
entrepris (264) - seized, in sad plight, ill.
enturle (3067) - wild, maddening.
enveiseüre (3334) - joy, gaiety.
erseir (4175) - last night.
es (*vos*) (3530) - here is.
esboer (2827) - to frighten, torment.
escharnier (3458) - to mock, taunt.
eschiver (710) - to avoid, escape from.
escorre (999) - to shake.
espeneïr (1878) - to atone for.
esperitable (1759) - spiritual.
esperner (1616) - to give the spur (as to a horse).
espoenter (4222) - to terrify, frighten.
espondre (76) - to expose, interpret.
esprendre (4246) - to light, set fire to; to be aflame.
esquacher (4217) - to crush, break.
esquis (271) - serached, examined.
essaucier (706) - to raise, add to the reputation of; to accomplish.
estors (802) - overthrown, escaped.
estrivant (913) - quarrelsome.
estruire (1143) - to instruct.
euros (334) - happy.

F

faice (2363) - band, belt.
famellos (449) - hungry, starved.
ferir (3432) - to strike, knock.
foïr (1351) - to dig.
forche (504) - troop of men.
forlignier (775) - to degenerate; to shame.
fossor (323) - hoe, spade.
franchise (2062) - nobility.
fuerre (1355) - scabbard.

G

gaber (702) - to brag; to make fun of.
gaignon (4185) - dog.

gehir (1173) - var. of *regehir*, q. v.
graër (4385) - to agree upon; to approve.
grever (1660) - to hurt, vex.
guerpir (3182) - to abandon, release.

H

heise (1084) - ease.
hore, tele h. est (1038) - sometimes.
huese (4561) - boot, hose.
huge (3374) - tub, hutch.
huimais (1414) - var. of *huimés*, q. v.
huimés (3810) - now, henceforth.

J

jangler (683) - to chatter, gossip, slander.
jolive (1249) - gay, loving; philandering.
june (130) - fast.

L

lairer (3055) - to leave; to permit oneself.
lcenz (2128) - therein, present.
leisse (4210) - bitch.
loier (552) - reward, salary.
lovier (3775) - attic or dormer window.
luise (2430) - PS3 of *loisir*: to be permitted.

M

maleuree (1906) - wretched, unfortunate one.
malement (1906) - bitterly, unfortunately.
malmetre (15) - to mistreat, harm, ruin.
maltalent (4208) - anger, temper.
maleveisdie (2526) - wickedness, spitefulness.
manage (2482) - house, dwelling; household.
manant (3764) - inhabitant, dweller.
manantise (4288) - wealth, authority.
manchons (3476) - handles of a plow.
marement (2854) - grief, affliction.
mater (3170) - to overcome, subdue.
maucierent (464) - PS6 of *maucier*: to curse.
maz (782) - conquered, overcome; sad.
mehaing (993) - wound, harm, illness.
meïsment (1278) - above all, especially.
mucier (1277) - to hide, cover.
musarz (2300) - fool, dreamer.

N

neirement (2923) - wickedly, spitefully.
neïs (1154) - even; not even.

nequedem (2488) - nevertheless, none the less.
noëleiz (4499) - precious stones.

O

oes (415) - need, use, work.
oiant (toz) (2669) - openly, publicly.
oïle (2509) - oil.
oleir (3317) - to smell.
or (3703) - garden, enclosure.
oreinz (1198) - a while ago.
orendreit (3951) - this very moment, at once.

P

parfin (2008) - the very end.
parmaindre (131) - to remain, preserve.
pautonier (4148) - vagabond, wretch.
perrete (2369) - pebble.
pestrer (3053) - to bake.
plaideor (3561) - advocate, defender.
plaissee (2676) - cast down, abased.
plevir (521) - pledge, promise.
poi (2606) - little, a few.
porpenser (2548) - to plan, intend; to decide.
premereinement (2) - firstly, at first.
prinsautier (693) - lively, agile, presumptuous.
prof (2396) - near, nearby; *a bien prof*: nearly.
proier (675) - to pray, implore.

Q

quaz (3833) - broken.
quenoistre (3528) - to know.
quin (2840) - contraction of *qui* and *en*.
quite (2651) - free.
quiz (3039) - cooked.

R

raiendrai (514) - FI1 of *raiendre*: to ransom, redeem.
raim (1175) - branch.
receter (278) - shelter, give refuge to, hide.
redevancier (555) - to owe a debt or duty.
regehir (1660) - to confess; recount.
rehercier (3996) - to tell in detail; to repeat.
replanir (1569) - to fill.
resconse (2975) - retired, disappeared.
ressaer (1148) - to try again, begin again.
reter (3769) - to accuse, blame.
rover (1963) - to ask, seek to, order.

S

sacher (1355) - to draw, pull, remove (as a sword).
saisine (1935) - possession.
sei (2084) - care.
semondre (4097) - to warn, urge, summon.
sentele (2977) - path.
seveals (2968) - at least.
soavet (3503) - sweetly, pleasantly.
sodement (1428) - suddenly.
soentre (2048) - after; as a result.
sohaucée (2825) - exalted, lifted on high.
solier (4224) - top room, apartment.
soltiment (2469) - subtly.
sordre (270) - to result.
sorfet (4519) - excess, presumption.
suegre (1245) - mother-in-law.

T

tamer (1784) - to fear; to be afraid.
teche (2717) - characteristic, quality.
tenser (516) - to protect.
toudre (2797) - to take, steal, confiscate.
tozdis (2824) - ever, always.
tracer (87) - to seek, pursue; to pillage.
traitor (3652) - bucket.
trestot (3446) - all, completely.
tros (781) - stump, piece, trunk.

V

veant (2787) - in the presence of, before.
veisdie (2705, 2937) - trickery, cunning.
villote (1504) - old woman.

APPENDIX A

[The following is a numerical indication of the correspondency between the exempla of the *Disciplina* as they appear in Hilka's edition and those of the present edition.]

Disciplina Clericalis	*Chastoiement d'un pere a son fils*
	Adaptor's Prologue (1-92)
Prologus	Prologue de Petrus Alphonsi (93-226)
I. De dimidio amico	I. Le Demi ami (227-330)
II. De integro amico	II. Les Deux amis (343-610)
III. De tribus versificatoribus	III. Le Mulet (727-834)
IV. De mulo et vulpe	(Incorporated into III)
V. De homine et serpente	IV. L'Homme et le serpent (887-944)
VI. De versificatore et gibboso	V. Le Refus de l'impôt (955-1028)
VII. De clerico domum potatorum intrante	VI. Les Deux clers (1043-1110)
VIII. De voce bubonis	(Lacking)
IX. De vendimiatore	VII. Le Borgne (1161-1228)
X. De lintheo	VIII. La Toile tendue (1243-1312)
XI. De gladio	IX. L'Épée (1321-1426)
XII. De rege et fabulatore suo	X. Le Conteur (1452-1544)
XIII. De canicula lacrimante	XI. La chienne qui pleure (1567-1936)
XIV. De puteo	XII. Le Jaloux mis à la porte (1951-2182)
XV. De decem cofris	XIII. Le Dépositaire infidèle joué (2221-2724)
XVI. De decem tonellis olei	XIV. Les Barils d'huile en dépôt (2479-2724)
XVII. De aureo serpente	XV. La Bourse perdue (2733-2934)
XVIII. a. De semita	XVI. La Route et le sentier (2943-3008)
b. De vado	(Lacking)
XIX. De duobus burgensibus et rustico	XVII. Le Pain (3013-3162)
XX. De regii incisoris discipulo Nedui nomine	(Lacking)

APPENDIX B

[The following exempla, none of which appear in British Museum MS. Additional 10,289, have been taken from British Museum MS. Harley 527.]

A

Un reis, dit il, jadis esteit
Ke un bon taillur aveit,   1550
Cil mestres plusurs valés out
Ke coseint ço ke il taillout.
Entre eus out un bacheler,
Niduï par nun le oï apeler.
Un jur mangerent pain e mel   1555
E si urent assez el.
Li despenser au mestre dist
Kaunt il pas Nidoÿ ne vist:
"Attendre devez par reysun
Nydoï vostre cumpainun."   1560
"Nus le attendissum bonement,
Més de mel ne mangue il nient."
E kaunt il eurent tut mangé,
Dunc est Nidoÿ repeiré.
"Attendre dussez si cum jeo crei.   1565
Purquei mangastes vus sanz mei?"
Et dit li despenser, "amis,
Jeo tut autretel lur dis,
Més vostre mestre dit un el
Ke vus ne mangez nul poind de mel."   1570

Nidoï ne se tute, porpensa
Cument il venger se pura.
Un jur vint tut privément
Au dispenser e cointement.
"Sire," fet il, "pur Deu vus pri   1575
De une chose seez garni;
Nostre mestre par luesuns
Ad en la teste esturdeisuns.
Le sen pert, si devent devé;
Si il ne est eraument lié,   1580
Cil ke il encuntrer purad
Ja pus si il put ne mangera."
Et dit lui despenser: "pur veir,
Si jeo poeie le ure saver,
Jeo le freie tre ben lier   1585
Ke il ne vus pust damager.
Nidoÿe," dit il, "jeo vus dirai
Si cum autre fez veü ai
Kant il gardera ça e la
E de sun sege levera,   1590
E sun eschamel dejetera,
E cum devé se cuntendera.
Dunc sachez ben veirement
Ke sa deverie lui prent
Ne ja serra revenue   1595
Eynz ke il seit liez e ben batu."
E li autre dit, "jeo gaiterai
Cel hure a meuz ke saverai,
E quant tel singne verrai
Lier a batre ben le frai;   1600
Ja, si Deu plest, par sa folie
Ne perdera nuli la vie."
Celui pas ne se ublia,
Les forces sun mestre musca.
Un jur li meistres tailer vout;   1605
Kant ses forces truver ne pout,
Esgarda sa, esgarda la,
E de sun sege se leva,
Le escamel ala jetaunt

E ses forces par tut queraunt.   1610
La terre envirun se bati,
E se cuntint cum esturdi.
Li despensers, kant il ço vit
Ne li turna a nul delit.
Serjanz erraument appella   1615
Le mestre lier commaunda
E puis ben batre e deslier.
Kant ço fu fet, vet demaunder
Purquei lui li ad si ledengé.
"Nidoÿ," dit il, "le me ad cunté   1620
Ke vus avez par luesuns
En cele teste esturdisuns,
E ki ben vus ne liereit
Acun de nus ne cumpareit."
Li meistres apele Nidoï   1625
"Puis kant," dit il, "les sens ne oi
Ke jeo soleie estre devé?"
E Nidoÿ li ad demaundé:
"E vus me dies dunc un el:
Pus quant ne mangue je mel?"   1630
Le despenser e li serjanz
Tuz en ristre petiz e granz.

E dit li fiz, "ço fu a dreit,
Kar ki sun cumpainun deceit
Bien deit aver encumbrer,
Kar cele demaunde sa pier."   1635
"Pur ço, beu fiz, ne deïs efforcer
De tun cumpainun encumbrer,
Ke tu ne seez plus gabbé
Par tun gabeis desingelé.

B

Socrates fu riches assez,
Philesofes fu alosez.   1975
Trestut guerpi, si s'en alat,
En un sutif liu habitat.

Enz en un bois ke mut ert bel
Mesun se fet de un tunel.
Le funz turnat envers le vent,   1980
L'iver au soleil ensement.
Li reis Alisaundre a un jur
Alad chacer ileux entur,
Le venurs i sunt curu
E Socrates i unt veü   1985
U il set e se poleüt,
E vers le soleil se chaufout.
Devant li estunt, mut le esgarderent
E le soleil li destinerent.
Socrates dist, "ne me tolez   1990
Ço ke duner ne me poez."
Cil se pristrent a curecer
Kant il oseut vers eus parler;
De le tunel le vodrunt jeter
E loinz de ileukes remuer,   1995
Ke li reis kant il venist,
Si nule parsone ne i venist.
"Fuez t'en," dient li venur
"De la veie vostre seignur."
"Ne crein pas," dit il, "vostre rei   2000
Ke mut est meins pussant de mei,
Kar il est serf a mun servant
E vus le tenez a pussant.
Celui ke jeo ai sur mes pez
Lier le pus e justiser."   2005
Ceus le unt oï ke par drei ire
Ileuc se voleit oscire;
Li autres erent de plus mesure
De li tucher ne unt cure
Deke le rei meïsmes venist   2010
E sun commaundement en feit.
Li reis i vint e demanda
Quel parlement il tindrent la.
Li venur li unt cunté
Cumfeitement il out parlé.   2015
Li reis dunc li demanda

Ke ço esteit e il mustra:
"Mun serf ke est desuz mes pez
Nuit e jur a lui servez;
Dunc estes meindre de mei,   2020
Mes ke la gent te clement rei.
Tu as," dit il, "mult traveillé
Pur teriene pousté
E teriene cuveitise;
Te ad mut en sun servise.   2025
Ele est de tut en ma justise,
Kar ne est richesce ke jo ne deplie.
Tu as desiré dignetez,
Icel desir met suz pez;
E si te mustrai mut ben   2020
Ke ta puissance ne vaut rent,
Kar ço ke tu en le secle est en present
Ne dure fors un sul moment.
Tu ne poez pas estre certein
Ke tu vives deske au demein."   2035
Li reis entent ben la reysun
Ben set ke il ne dit si veirs nun.
Il se turne e dit a sa gent,
"Cist home est par Deu veraiment,
Ne li fetes nule grevance,   2040
Kar Deus en prendreit greve vengance."

C

"Li secle est autresi
Ke nus deceit, bien le vus di.
Le secle est cum la meisun
U li jur supprist le larun;
Pur ce fetes en tun endreit   2070
Cum li philosophes feseit
Ke jadis par un liu passat
Cum aventure le amenat,
Une nuit bele tumbe i vit
Un veirs i fu escrit: 2075

'Tu ke passes a buche clos
Par ici u cist cors repos,
Purpense tei ke tu giras
Parfund en tere cum jeo fas.
Itel cum es, itel jeo fu, 2080
E tel seras tel cum jo su.
De la mort ne pensoue mie
Tant cum jeo aveie la vie.
Trop oi tant cum estei vifs,
Ore su povere e cheitifs. 2085
Ma grant beuté est alé,
Ma chere est tute degausté,
Mult est estreite ma mesun,
Od mei ne ad si vermine nun.
Quantke oi en le secle autres unt 2090
Ne j'oc a gre me saverunt.
Mes amis me unt tut ublié,
Ma femme un autre ad espusé
Si une fiez me oit ....
.............li en sun quer. 2095
Priez a Deu, le pussant rei,
Ke il en eit merci de mei.
Preez a Deu, jeo vus en pri,
Ke il de ma alme eit merci.
Tuz cil ke pur mei preerunt 2100
Tut lur pechez Deu lur pardoint
Kant li philosofes lit
Ces vers ke il truva escrit,
Bien entendi en verité
Richesce ne est fors vanité, 2105
Ke tut ce secle est vanité.
Li secle guerpi cum sage,
Si se mist en ermitage."

D

Le rei Alixaundre en aveit
Tumbe de or cum l'en diseit. 2110

Uns philosofes i passat
Ki en tele manere parlat:
"Tresor fist celui de or,
Ore refet or de tresor.
Ore ne li pout aver fuisun   2115
Tut humeine possessum.
Ore li put suffire assez
De tere sulement set pez.
Eynz li dutout tere e mer,
Ore ne li creut un sul bover."   2120

A SELECTED BIBLIOGRAPHY

AARNE, Åntti. *The Types of the Folktale: A Classification and Bibliography,* trans. Stith Thompson. FF Communications, No. 184. Helsinki, 1961.

BAXTER, J. H. and CHARLES JOHNSON. *Medieval Latin Word-List.* London: Oxford University Press, 1950.

BÉDIER, Joseph. *Les Fabliaux: Etudes de littérature populaire et d'histoire littéraire du moyen-âge.* Paris: Librairie Ancienne Edouard Champion, 1925.

Biblia Sacra: Vulgatae Editionis. London: Samuel Bagster, 1833.

BLANCHET, A. and A. DIEUDONNÉ. *Manuel de numismatique française.* Paris: Auguste Picard, 1936.

BOCCACCIO, Giovanni. *Decameron,* ed. Vittore Branca. Firenze: Felice Le Monnier, 1960.

CHANDLER, Richard E. and KESSEL SCHWARTZ. *A New History of Spanish Literature.* Baton Rouge, 1961.

CHAUVIN, V.-C. *Bibliographie des ouvrages arabes ou relatifs aux Arabes, publiés dans l'Europe chrétienne de 1810 à 1885.* 12 vols. Liège-Leipzig, 1905.

COTGRAVE, Randle. *A Dictionaire of the French and English Tongues.* London: Adam Islip, 1611.

CRANE, Thomas F. *The Exempla or Illustrative Stories from the "Sermones Vulgares" of Jacques de Vitry.* Publications of the Folklore Society, No. 26. London, 1890.

Fabliaux et contes françois des XI, XII, XIII, XIV et XV siècles, tirés des meilleurs auteurs, ed. Auguste Méon. 4 vols. Paris: B. Warée, 1808.

GODEFROY, Frédéric. *Dictionnaire de l'ancienne langue française et de tous ses dialectes, du IXᵉ au XVᵉ siècle.* 8 vols. Paris: Vieweg, 1880-1895.

HEER, Friedrich. *The Medieval World: Europe 1100-1350,* trans. Janet Sondheimer. Cleveland and New York: The World Publishing Co., 1961.

HOLMES, URBAN TIGNER, Jr. *Daily Living in the Twelfth Century.* Madison: University of Wisconsin Press, 1962.

HULME, William H., ed. *Disciplina Clericalis,* Western Reserve University Bulletin, Vol. XXII. Cleveland, 1919.

KELLER, John Esten. *Motif-Index of Mediaeval Spanish Exempla.* Knoxville: University of Tennessee Press, 1949.

KUNZ, George Frederick. *The Curious Lore of Precious Stones.* Philadelphia and London: J. B. Lippincott, 1913.

LANDAU, Marcus. *Die Quellen des Dekameron.* Stuttgart, 1884.

LE BLANC, M. *Traité historique des monnoies de France depuis le commencement de la monarchie jusques à présent.* Paris: Jean Jombert, 1960.

LECOY DE LA MARCHE, Albert. *La Chaire française au moyen-âge.* Paris, 1886.

MARIANA, Juan de. *Historia general de España. BAE,* Vol. XXX. Madrid, 1854.

MENÉNDEZ Y PELAYO, Marcelino. *Orígenes de la novela.* 4 vols. Santander, 1943.

MENGER, Louis E. *The Anglo-Norman Dialect: A Manual of its Phonology and Morphology.* New York: Columbia University Press, 1904.

MEYER-LÜBKE, Wilhelm. *Romanisches Etymologisches Wörterbuch.* Heidelberg: Carl Winters Universitätsbuchhandlung, 1935.

MOSHER, Joseph Albert. *The Exemplum in the Early Religious and Didactic Literature of England.* New York: Columbia University Press, 1911.

NYSTEN, P. *Dictionnaire de médecine, de chirurgie, de pharmacie, des sciences accessoires et de l'art vétérinaire.* Paris: J. S. Chaudé, 1841.

Ocean of Story, ed. Norman M. Penzer, trans. C. H. Tawney. 10 vols. London, 1924-28.

PARIS, Gaston. *La Poésie du moyen âge.* Paris: Librairie Hachette, 1895.

————. *La littérature française au moyen-âge.* Paris: Librairie Hachette, 1909.

PETRUS ALPHONSI. *Dialogi in quibus impiae Judaeorum opiniones evedentissimis cum naturalis, tum coelestis philosophiae argumentis confutantur, quaedamque prophetarum abstrusiora, loca explicantur.* In Migne, *Patrologiae Latinae,* CLVII, cols. 535-672.

————. *Disciplina Clericalis,* eds. Alfons Hilka and Werner Söderhjelm. Sammlung Mittellatonischer Texte, No. 1. Heidelberg: Carl Winters Universitätsbuchhandlung, 1911.

PETRUS ALPHONSI. *Petri Alphonsi Disciplina Clericalis,* ed. Friedrich Wilhelm Valfons Schmidt. Berlin: Theodor Enslin, 1827.

POPE, Mildred K. *From Latin to Modern French with Especial Consideration of Anglo-Norman: Phonology and Morphology.* Publications of the University of Manchester, No. 229; French Series, No. 6. Manchester, 1934.

Recueil général et complet des fabliaux des XIIIᵉ et XIVᵉ siècles imprimés ou inédits, publié d'après les manuscrits, eds. Anatole de Montaiglon and Gaston Raynaud. 6 vols. Paris: Librairie des Bibliophiles, 1872-1890.

STEINSCHNEIDER, Moritz. *Die hebräischen Uebersetzungen des Mittelalters und die Juden als Dolmetscher.* Graz: Akademische Druk —und Verlags— anstalt, 1956.

THOMPSON, Stith. *Motif-Index of Folk-Literature.* 6 vols. Bloomington: Indiana University Press, 1955-1958.

WARD, H. L. D. *Catalogue of Romances in the Department of Manuscripts in the British Museum.* 3 vols. London, 1883.

WELTER, J.-Th. *L'Exemplum dans la littérature religieuse et didactique du moyen-âge.* Paris: Occitania, 1929.